Annette Reisinger & Conny Thalheim

Heartfacts ®

Annette Reisinger & Conny Thalheim

Heartfacts®

FAKTEN, DIE UNTERNEHMEN BEWEGEN

Eine Erfolgsgeschichte

www.heartfacts.de

Für alle
Führungskräfte
& Unternehmer

Bibliografische Information Der Deutschen Bibliothek
Die Deutsche Bibliothek verzeichnet diese Publikation
in der Deutschen Nationalbiografie;
detaillierte bibliografische Daten sind im Internet
unter http://dnb.ddb.de abrufbar.

Layout und Satz: Dunja Weist, www.printdesignerei.de
Lektorat: Peter Thalheim
Fotos: Nikolaus Teixeira, Markus Jerlitschka (S.160),
Isabella Koenen (S. 130), Conny Thalheim (S. 12)
Druck und Bindung: Ebner & Spiegel, Ulm

Printed in Germany
ISBN 978-3-00-021640-4

Inhalt

Liebe Leserinnen, liebe Leser,

was bewegt zwei Frauen, über „Heartfacts®
– Fakten, die Unternehmen bewegen" zu schreiben?

Annette Reisinger ist Hotelfachfrau, Hotelière
und seit 1999 Unternehmerin der Veranstaltungsagentur „Kommunikation durch Ereignis"
in München. Conny Thalheim ist Dipl. Kommu-
nikationswirtin BAW, seit 1998 Unternehmerin
mit der Marketing-Beratung „working ideas" in
München und Spezialistin für authentisches
Marketing.

Seit 2000 bringen Annette Reisinger und Conny Thalheim die Essenzen ihres Tuns im Netz-
werk mit gebündelter Kreativität, Begeisterung
und Umsetzungsstärke zusammen. Für kleine
und große Unternehmen suchen und finden sie
deren Einzigartigkeit, schaffen Ereignisse und
fordern und fördern damit die Kultur im Unternehmen.

Sie arbeiten mit Herz und Verstand für E.ON
Energie, Fujitsu Siemens Computers, jobs in
time, Multivac, Porsche Consulting, ProSieben,
SGL Carbon, Vinnolit u.a. Ehrenamtlich bewegen sie außergewöhnliche Projekte wie die
Bildungsreihe „Vom Hören zum Zuhören" bei
den Wirtschaftsjunioren München e.V.

Das *Herz*

GIBT ALLEM,

WAS DER MENSCH SIEHT,

HÖRT UND WEISS,

DIE FARBE.

JOHANN HEINRICH PESTALOZZI

Quer durch die Branchen und Hierarchien haben sie eines immer wieder erlebt: Erfolg und Wachstum beginnen im Herzen des Unternehmens und im Herzen jeder Führungskraft! Sie verstehen das Herz als Motor, als Symbol für vertrauensvolles Zusammenleben und Zusammenarbeiten, als Quelle von Mut und Weisheit.

In einer Welt der „nicht verbalen" Kommunikation, in einer nur ICH-bezogenen Welt, in einer Welt des absoluten Zeitmanagements und Erfolgszwangs öffnet die Geschichte „Heartfacts® – Fakten, die Unternehmen bewegen" die Augen für das Wesentliche: den Menschen in uns und den Menschen um uns. Beides zusammen sind die Voraussetzungen für kreativen Erfolg.

Die Kraft zweier Herzen erlesen und erleben Sie in diesem inspirierenden Lese- und Arbeitsbuch. Dabei wünsche ich Ihnen viel Freude und Erkenntnis.

Ihr
Prof. Dr. Wilhelm Simson

Prof. Dr. Dieter Frey, Leiter der Bayerischen Elite-Akademie beschrieb in einer Laudatio Ende 2004 Prof. Dr. Simson als Mensch, der geprägt ist von Optimismus, Gestaltungswillen, Zukunftsorientierung, immer aber auch von Humor und Gelassenheit. „Sie galten und gelten als Manager, der ein gutes *Herz* hat für Menschen und dabei die Bodenhaftung nicht verloren hat."

Prof. Dr. Wilhelm Simson, geboren 1938 in Köln, studierte Chemie an der Universität München und promovierte in diesem Fach.

In vielen deutschen und internationalen Firmen hat Prof. Simson Führungsverantwortung übernommen. Um nur einige zu nennen: Er war Vorsitzender des Vorstandes der SKW Trostberg AG (1989-1998), der VIAG AG (1998-2000) und der E.ON AG (2000-2003) und als Präsident des Verbandes der Chemischen Industrie aktiv. Seit 1998 ist Prof. Simson Honorarprofessor für Industrielle Chemie an der LMU München und in deren Hochschulrat.

Heute sitzt er im Aufsichtsrat der E.ON AG, FAZ GmbH, Hochtief AG, Merck KGaA und engagiert sich ehrenamtlich u.a. als Vorsitzender des Verwaltungsrates und des Kuratoriums des ifo-Instituts-München, als Vorstandsvorsitzender der Gesellschaft der Freunde und Förderer der Bayerischen Akademie der Wissenschaften sowie der Freunde und Förderer der Münchner Philharmoniker und als Mitglied des Beirates der Orchesterakademie der Berliner Philharmoniker. Seine Leistungen wurden vielfach ausgezeichnet, u.a. mit dem Bundesverdienstkreuz und dem Bayerischen Verdienstorden.

Er ist verheiratet, Vater von zwei Kindern und lebt in München und Trostberg.

Prolog

Wir beide sind echte Münchnerinnen und haben uns 1999 auf der Bühne der Wirtschaftsjunioren kennen gelernt. Conny Thalheim führt eine Marketing-Werkstatt, Annette Reisinger eine Veranstaltungsagentur. Der gemeinsame Nenner ist einfach: Wir beide sensibilisieren, mobilisieren und bewegen mit unserer Arbeit Menschen, schaffen mit unseren Ereignissen die Bühnen für Begegnung und bauen mit unseren Ideen die Brücken für lebendige Kommunikation.

In diesen Projekten wie z.B. einem Jubiläum, einem Fest für Mitarbeiter, der Einweihung eines Forschungszentrums oder auch Positionierungsworkhops ... haben wir das große Glück, sehr schnell alle Bereiche eines Unternehmens kennen zu lernen. Wir beginnen mit unserer Arbeit meist in der Geschäftsführung, gehen dann neugierig und bewusst durch alle Abteilungen von der Produktion über den Vertrieb und das Marketing bis zum Controlling und versammeln im Projektteam alle Hierarchien. Sehr schnell spüren wir den Herzschlag eines Unternehmens. Ist er regelmäßig, langsam oder dynamisch, passt er sich den Aktivitäten an, hüpft er schon mal oder muss man sich anstrengen, damit man ihn überhaupt wahrnimmt. Dieser Herzschlag basiert auf der gelebten Kultur im

FAKT IST,

DASS ZWEI DRITTEL DER UN-
TERNEHMEN, DIE AN EINEM
„GESUNDHEITSCHECK" DER
BERATER BOOZ ALLEN HA-
MILTON TEILGENOMMEN HA-
BEN, NICHT GESUND SIND.
DAS HEISST: AN MANGELN-
DER PRODUKTIVITÄT LEIDEN,
ÜBER KEINE ERKENNBARE UN-
TERNEHMENSKULTUR VERFÜ-
GEN UND KRANKE MITARBEI-
TER PRODUZIEREN.

WWW.ZUKUNFTSLETTER.DE

Unternehmen. Sie sichert die Identität, die Effizienz, die Dynamik, die Krisenkompetenz. Sie bildet den wirtschaftlichen Erfolg eines Unternehmens.

Mit unserem Impulsvortrag und diesem Lese- und Arbeitsbuch wollen wir Sie verführen und Ihnen die Erfolgsgeschichte des Unternehmers Harry Heartbreaker erzählen. Harry steht pars pro toto für jede Führungskraft. Und jede/r ist Führungskraft – denn er/sie führt zumindest sich selbst. Warum nun eine Geschichte? Weil wir (spätestens seit unserer Kindheit) Geschichten lieben. Weil Geschichten im wahrsten Sinne des Wortes „merk-würdig" sind. Weil wir auch unsere Konzepte in Form von Geschichten schreiben. Weil das unsere Art ist zu präsentieren und zu bewegen.

Zurück zu unserer Geschichte „Heartfacts®
– Fakten, die Unternehmen bewegen": Harrys Herzprobleme sind ein Spiegelbild seines Geschäftes. Seiner Erkenntnis folgt eine leidenschaftliche Therapie. Seinen Gedanken folgen Worte und – viel wichtiger – Taten. Die Wirkung: Herz und Unternehmen gesunden!

Fakt ist, das Herz bewegt Menschen – und damit Unternehmen! Übrigens alle Personen unserer Geschichte sind echt authentisch, aber frei erfunden.

DRUCK

Erfolgsgeschichte

Die Rollen

Der Unternehmer Harry Heartbreaker ist 44 Jahre alt und leitet ein mittelständisches Produktionsunternehmen mit 500 Mitarbeitern. Er ist mutig, entschlossen, dynamisch und ungeduldig in seinem Verhalten. Er lebt für seine Arbeit, engagiert sich im Wirtschaftsverband und sitzt im Vorstand des Branchenverbandes. Verheiratet ist er seit zehn Jahren mit Sonja und zudem Vater von zwei Kindern. Um die Jahrtausendwende gehörte das Unternehmen zu den Marktführern. Seit 2001 fahren trotz Sparprogrammen und Personalabbau Absatz, Umsatz und Gewinn kontinuierlich, langsam, aber stetig in den Keller. Verhandlungen mit Standorten in Osteuropa laufen. Der Wettbewerb strebt die Übernahme seines Unternehmens an. Die Banken werden aufgrund der vielen Zahlungsausfälle ungeduldig. Der Druck wächst.

Der Alltag von Harry sieht wie folgt aus: Um 06.00 Uhr heißt es Aufstehen, schneller Espresso, Fahrt zum Flughafen oder Unternehmen. Ein Termin folgt dem nächsten. Das Mittagessen fällt wegen Zeitmangels meist aus. Das Abendessen wird oft als Geschäftstermin wahrgenommen und hier liebt Harry gern Herzhaftes. Zum Apero ein, zwei, drei schnelle Pils

DAS ERSTE,

DAS DER MENSCH IM LEBEN VORFINDET,

DAS LETZTE, WONACH ER DIE HAND AUS-

STRECKT, DAS KOSTBARSTE, WAS ER IM

LEBEN BESITZT, IST DIE *Familie.*

ADOLF KOLPING

gefolgt von einem guten Roten und manchmal auch einer Davidoff. Vor 22.00 Uhr ist Harry selten zuhause. Seine acht und zehn Jahre alten Kinder sieht er in der Regel nur schlafend. Auch wenn er es früher schafft: Er berichtet seiner Frau kurz s e i n e Highlights des Tages, bevor er bereits auf dem Sofa durch die Nachrichten zappend erschöpft einschläft. Sportlich engagiert er sich als Fan beim FC Bayern.

Sonja Heartbreaker ist 39 Jahre alt, arbeitet freiberuflich als Dolmetscherin und führt zudem erfolgreich ein kleines Familienunternehmen – den Haushalt der Heartbreakers. Sie ist zuverlässig, flexibel, kocht leidenschaftlich gerne, plant Kindergeburtstage und Festtagseinladungen, hat die Privatkonten im Visier, hält Haus und Garten in Schuss und die Kommunikation zu Nachbarn, Freunden und zur Familie am Laufen. Sie ist stresserprobt und multitaskingfähig. Ihre Kinder fährt sie zu Sport, Musik und Freunden. Entspannung findet Sonja in der klassischen Musik. Das ursprünglich gemeinsame Konzert-Abo mit Ehemann Harry hat dieser schon vor Jahren an Sonjas beste Freundin Anna abgegeben. Sonjas einziges Manko laut Harry: Sie liebt das intensive Gespräch.

Für viele von uns ist es ein lieb gewordenes Ritual: mit einer Tasse Kaffee in den Tag starten. Wie US-Forscher der Penn State University herausgefunden haben, kurbelt Kaffee, in Maßen getrunken, sogar das Gehirn an! Im Experiment schnitten diejenigen am besten ab, die eine Koffeinmenge von zwei Tassen Kaffee intus hatten. Mit zunehmendem Koffeinkonsum allerdings steigt die Produktion des Enzyms Alphaamylase, das Flucht- und Angstreflexe auslöst, d.h. die Konzentration eher negativ beeinflusst.

Der Büroalltag

Ein Donnerstag im Advent, 07.30 Uhr: Harry Heartbreaker fährt in sein Unternehmen. Von der Tiefgarage geht es mit dem Aufzug direkt in seine Büroetage. Er nimmt sich auf dem Weg noch einen starken Kaffee, registriert auf dem Flur stirnrunzelnd das Gespräch zweier Mitarbeiterinnen zu Yoga und Qui Gong und verschwindet schnurstracks in seinem Büro. Nach einem kurzen „Guten Morgen" zu seiner Assistentin Monika gibt er ihr zwei Sekunden später an seinem Schreibtisch sitzend telefonisch die Anweisung, bis 10.00 Uhr nicht gestört werden zu wollen.

Um Viertel nach neun, vertieft in Chart 34 für die morgige Bankenpräsentation, klingelt das Telefon. Monika kündigt den umgehenden Besuch des Vertriebschefs Herrn Kaiser an. Noch nicht ganz ausgesprochen, steht dieser schon ohne Klopfen in der Tür. Harry Heartbreaker sichtlich verärgert: „Kann man denn hier nie in Ruhe arbeiten?" Uli Kaiser wartet nicht, bis ihm ein Stuhl angeboten wird, sondern berichtet mit hochrotem Kopf, dass ihr größter Kunde den Preferred Supplier Vertrag für das Folgejahr gekündigt und das günstigere Angebot des Wettbewerbers angenommen hat. Harry Heartbreaker schnappt nach Luft, bevor er Kaiser lautstark zur Minna macht. Kaiser, der schon seit zehn

Signale einer Herzerkrankung

Leise:

Müdigkeit

Schlafstörungen

Magen-Darm-Beschwerden

Schwindel

Sehstörungen

Hörstörungen

LAUT:

SCHMERZEN

FIEBER

HERZKLOPFEN

HERZRASEN

OHNMACHT

SCHWELLUNGEN

Aus „Was haben Sie auf dem Herzen?"

Jahren im Unternehmen arbeitet, kennt solche Ausbrüche. Schulter zuckend erwidert er gelassen: „Ich sag' ja schon lange, wir müssen die Preise weiter senken, wir sind zu teuer." Er kommentiert: „Unsere Produkte sind vergleichbar geworden – wir investieren zu wenig in Forschung und Entwicklung. Der Wettbewerb hat nachgezogen."

Harry Heartbreaker nun völlig in Rage: „Klar Kaiser, schuld sind immer die anderen. Weniger Umsätze heißt auch, dass man uns zur Übernahme bald auf dem Silbertablett präsentiert. Kannst d u d i r vielleicht vorstellen," – in solchen Momenten wird er immer sehr persönlich – „was dies für dich, deine Kollegen, deren Familien und unsere Region bedeutet? Ich bezahle dich als Führungskraft für unternehmerisches Denken und Handeln. Darunter verstehe ich Aktion statt Reaktion." Noch im Satz greift er sich ans Herz. Er spürt einen starken Druck in der Brust und kalter Schweiß tritt ihm auf die Stirn. Mit den Worten „Kaiser, gehen Sie jetzt bitte, ich ruf' unseren Kunden an" tritt er ans Fenster. Seine linke Schulter und der linke Arm schmerzen. Instinktiv reißt er die Arme in die Höhe und holt tief Luft. Harry trinkt ein Glas Wasser, nach zehn Minuten lässt das Herzstechen nach. Er sitzt wieder am Schreibtisch und bittet Monika, ihn umgehend mit seinem Kunden zu verbinden. Während sie wählt, denkt er,

DER EINE WARTET, DASS DIE *Zeit*
SICH WANDELT,

DER ANDERE PACKT SIE KRÄFTIG AN – UND HANDELT.

DANTE ALIGHIERI

ich sollte mal wieder zum Arzt gehen. Zeitgleich erinnert er sich an den schmerzenden Umsatzverlust in Millionenhöhe. Kundix ist heute allerdings ganztägig in Meetings und ab morgen im Weihnachtsurlaub.

Harry Heartbreaker weiß, dass er nun die Präsentation ob des veränderten Forecasts komplett überarbeiten muss, dass er an der Schulaufführung seines Sohnes am Nachmittag wieder einmal nicht teilnehmen kann und er sich dringend Zeit für eine neue Firmenstrategie nehmen muss.

STILLE

Der Weihnachtsurlaub

In den Weihnachtstagen kommt zum Unternehmerstress der Familienstress. Same procedure as every year, denkt sich Harry. Am 23. Dezember hetzt er, wie viele andere Männer auch, unschlüssig bis verzweifelt zum Einkauf der Geschenke. Auch in diesem Jahr weiß Harry nicht wirklich, was Sonjas Herz begehrt.

Am 24. Dezember kommt die Schwiegermutter, am ersten Feiertag geht es zu den Eltern. Die Kinder wollen zum Skifahren, Freunde wollen Eisstockschießen gehen ... Von wegen Ruhe oder Atempause.

Nach der von ihm heiß geliebten Gans seiner Mutter am ersten Feiertag spürt er erneut ein dumpfes Ziehen in der Herzgegend. Er bekommt es mit der Angst zu tun. Seiner Frau Sonja bleibt nichts verborgen. Sie ist resolut, recherchiert im Internet und bespricht sich mit einem befreundeten Arzt. Umgehend nach den Feiertagen macht sie einen Termin zum Checkup in einer Herzklinik. Anfang Januar fährt sie ihn persönlich hin.

Ungern gibt Sonja zu: Sie ist nervlich am Ende, traurig und macht sich Sorgen. Die Hoffnung auf Harrys Erkenntnis, dass es so nicht weitergehen kann, siegt über ihre lähmende Angst.

Der Gesundheitscheck

Nach einer ausführlichen Anamnese und einem Tag ausgefüllt mit Blutabnahme, Ultraschall- und Röntgenuntersuchungen aller Organe und Gefäße, EKG und Stressecho folgt die Befundbesprechung bei Professor Herzmann, dem Leiter der Klinik und anerkannten Herzspezialisten. Der ältere, weißhaarige Herr kommt sehr schnell zum Punkt: „Wir sind grundsätzlich mit Ihren Werten zufrieden, aber Ihr Herz, das macht mir Sorgen, Herr Heartbreaker. Sie leiden unter einer Verkalkung Ihrer Herzkranzgefäße. Mein Kollegium und ich sind uns einig, dass wir besser heut' als morgen genauer nachsehen: ein Herzkatheter, vielleicht ein paar stützende Stents – nur ein kleiner invasiver Eingriff. Ihre Lebensumstände, der ununterbrochene physische wie psychische Stress, dieser Druck, die zu geringe Bewegung. Das sind die Ursachen für den momentanen Zustand", da klingelt das Telefon und Professor Herzmann unterbricht. „Entschuldigung, Herr Heartbreaker, mein Kollege übernimmt und erklärt Ihnen, wieso das Herz so wichtig ist."

Der Assistenzarzt wendet sich an Harry und redet sich in Fahrt: „Wenn Sie verstehen, um was es wirklich geht, werden Sie Ihr Leben ändern. Viele brauchen leider den Schuss vor den Bug. Hier die Fakten, Herr Heartbreaker:

DER VERSTAND KANN UNS SAGEN,

WAS WIR UNTERLASSEN SOLLTEN.

ABER DAS *Herz*

KANN UNS SAGEN,

WAS WIR TUN MÜSSEN.

JOSEPH JOUBERT

- Das Herz ist der Motor Ihres Körpers. 250 Gramm schwer und faustgroß benötigt es zehn Prozent Ihrer Körperenergie.
- Es schlägt 100.000 Mal am Tag. Jedes Organ wird zuverlässig mit Sauerstoff und Energie versorgt. Das Herz erzeugt 40- bis 60-mal mehr elektrische Energie als das Gehirn!
- Fakt ist auch, dass ein unbefriedigendes Betriebsklima das Herzinfarkt-Risiko um 30 Prozent steigert (laut einer finnischen Langzeitstudie).
- Eine weitere Studie an 2.000 Männern, die über 32 Jahre lief, zeigt, dass Angst eine der größten Risikofaktoren für den plötzlichen Herztod ist.
- Bekannt ist auch, aber leider zu wenig präsent: 80 Prozent aller Entscheidungen sind emotionaler Natur, also Herzenssache."

Der Professor hat sein Telefonat beendet und klinkt sich wieder ins Gespräch ein: „Herztod ist kein Schicksal, Herr Heartbreaker! Grundsätzlich könnte Ihr Herz das Fünffache leisten. Es ist nie zu spät! Lassen Sie sich von einem alten Professor wie mir gesagt sein: Wenn Sie mit Ihrer Frau in fünf bis zehn Jahren noch verheiratet sein wollen, Ihre Kinder im Studium erleben möchten und Ihr Unternehmen erfolgreich führen wollen, dann müssen Sie ob Operation oder Therapie zuerst bei sich etwas ändern! Es ist Ihr Lebensstil. Als Chef der Klinik weiß ich

LOVE

SEX

BEAT

um Ihre Sorgen: die große Verantwortung, die Angst um Verluste, die Angst, von Mitarbeitern im Stich gelassen zu werden, der fehlende Mut, loszulassen, das fehlende Vertrauen und vor allem der fehlende Blick für die eigene Befindlichkeit. Falsche Ernährung, fehlender körperlicher Ausgleich, Rauchen, aber was erzähle ich Ihnen. Sie sind ein kluger Mann und dazu gibt es schon Bibliotheken voll Literatur. Ich bin kein Verfechter von Extremtrends wie ‚Lauf um Dein Leben' oder ‚Heute kein Fett, morgen keine Kohlehydrate mehr'. Dreimal 30 Minuten Ausdauersport in der Woche, lustvoll essen, aber in Maßen, und vor allem ein emotional gesundes Umfeld. Das Allerwichtigste, Herr Heartbreaker: Ihr Herz wird getrieben von LOVE, SEX und BEAT!" „Wie bitte?" fragt Harry Heartbreaker ungläubig und lächelt zum allerersten Mal an diesem Morgen. „Verzeihen Sie mir diese drastische Ausdrucksform", fährt der Professor fort, „aber das verstehen alle und ich nehme Sie nicht davon aus. Liegt Ihnen Ihr Leben am Herzen, Heartbreaker, gehen Sie diesen drei Heartfacts auf den Grund. Analysieren Sie diese mit der gleichen Intensität, wie Sie das mit den für Sie harten Fakten in Ihrem Unternehmen tun."

Harry Heartbreaker entscheidet sich wie immer schnell, stimmt dem kleinen invasiven Eingriff zu, informiert Sonja zuhause und seine Assistentin Monika im Büro, dass er spätestens in

DIE GRÖSSTE HERAUSFORDERUNG
IST DIE ARBEIT AM EIGENEN *Leben.*

PABLO PICASSO

einer Woche wieder voll auf dem Damm ist. Zwei Tage später liegt er im OP 3. Der Professor beugt sich über ihn: „Herr Heartbreaker, Sie müssen jetzt nicht bis zehn zählen, erinnern Sie sich besser nur an LOVE, SEX und BEAT!"

Zwei Tage nach dem Eingriff erfährt er bei der Visite, dass er morgen die Klinik schon verlassen kann. „Aber", so Professor Herzmann, „um Ihrem Leben eine Chance zu geben, hab' ich Sie schon in der Reha am Bodensee für die nächsten drei Wochen angemeldet." Harry Heartbreaker will zum Widerspruch ansetzen, aber er fasst sich ein Herz: Die klare Ansage und der durchdringende Blick des Professors machen ihm bewusst, es gibt keine Alternative.

Sonja hat bereits alles für ihn gepackt, die Übersetzung in der Nachtschicht überarbeitet, das Mittagessen vorgekocht, die Großeltern zwecks Kinderbetreuung informiert und pünktlich um 10.00 Uhr steht sie gestresst vor der Klinik, um ihn direkt an den Bodensee zu fahren. Statt Sonja herzlich zu begrüßen, fragt Harry vorwurfsvoll: „Schatz, die Skibox ist ja immer noch auf dem Dach – bei den Benzinpreisen?!" Sonja verdreht die Augen und atmet tief durch.

Du weisst nicht mehr
wie Blumen duften,
kennst nur die Arbeit,
nur das Schuften,
so gehen sie hin
die schönen Jahre,
auf einmal liegst
du auf der Bahre.
Und hinter dir,
da grinst der Tod:
kaputt gerackert,

VOLLIDIOT!

Joachim Ringelnatz

Die Rehabilitation

Das Reha-Zentrum überrascht ihn. Direkt am See gelegen mit Blick auf die Berge wird er in ein sonniges, helles Zimmer gefahren. Der Blick aus seinem Bett ist sagenhaft! Keine Zeit, denkt er, er muss umgehend mit Monika telefonieren, während seine Frau noch die Koffer auspackt.

Da wird er fast triumphierend von der resoluten Krankenschwester aus Bayern unterbrochen: „Mir ham hier an ganz an schlechten Empfang, a Funkloch. Aba was glaub'n Sie, welche Erleichterung des für viele letztendlich is und welcher Reiz darin liegt, wieder mehr persönlich miteinander zu kommunizieren. Und zu Ihrer Beruhigung: Des Telefon auf Ihrm Zimmer wird spätestens morg'n frei g'schalten." Harry fragt irritiert nach einem Wireless-LAN-Anschluss für seinen Laptop. Jetzt wird die Krankenschwester sehr bestimmt, „Herr Heartbreaker, nur zum Verständnis: Des ist k e i n Büro. Aba um in Ihrer Sprache zu bleib'n: Mir schaff' ma hier de Basis für den Change Process in Ihrm Kopf und de Fusion von Körper, Geist und Seele – und zwar sehr konzentriert, dadurch effektiv und, wenn Sie Ihrn Beitrag ernst nehmen, Erfolg versprechend. Mach'n Se's ned unnötig kompliziert. Sie g'hörn doch sicher auch zu dene Simplify-Anhänger", setzt dabei ihr strahlendes Lächeln auf und schließt sanft die Tür.

LIEBE

BRINGT DICH ZUM LÄCHELN,

WENN DU
EIGENTLICH
MÜDE BIST.

TERRI, 4 JAHRE

Sonja sieht Harrys verzweifeltes Gesicht und tröstet ihn: „Das war jetzt hart, aber herzlich gemeint. Ich weiß nur eins, Harry, hier ist deine Zeit. Gib' deinem Team, das schon so lange mit dir arbeitet, die Chance. Da kommt Bewegung ins Unternehmen. Es ist sowieso das Einzige, was du jetzt tun kannst." Sie schließt den Koffer, nimmt sich ein Glas Wasser und geht ans Fenster. Sehr deutlich sagt sie wie zu sich selbst: „Ich will mit dir alt werden, Harry, aber nicht im Stil der letzten Jahre. Wir pumpen in das gleiche Herz, nur der eine rein und der andere raus." Erschöpft liegt Harry Heartbreaker auf dem Bett, möchte schlafen, nicht mehr denken, nicht sprechen. Morgen ist auch noch ein Tag. Sonja geht. Harry erwacht Stunden später.

Ein junger Pfleger steht vor ihm und grinst: „Sie müssen schön geträumt haben. Entschuldigung, ich konnte das Zimmer gar nicht mehr verlassen. Irgendwann hab' ich Sie wirklich verstanden. Sie murmelten von hm, LOVE, SEX und BEAT. Ganz ehrlich, Herr Heartbreaker, können Sie sich erinnern? Davon müssen Sie mir unbedingt mehr erzählen." Harry Heartbreaker reibt sich den Schlaf aus den Augen: „Ja, das ist wirklich erstaunlich. Und ich muss zugeben, diese drei Worte gehen mir tatsächlich nicht mehr aus dem Kopf." Der Pfleger nimmt sich einen Stuhl „Darf ich mich zu Ihnen setzen? Ich heiße übrigens Tim." Harry beginnt zu

Du bist *authentisch,*
wenn das, was
dein Kopf denkt,
dein Herz empfindet,
dein Mund spricht,
deine Hände tun,
identisch ist.

erzählen: „In der Herzklinik hatte ich ein sehr intensives Gespräch mit Professor Herzmann. Ein agiler Mann um die 70, sehr offen und direkt. Er hat sogar mir komplizierte Prozesse an meinem Herzen verständlich gemacht. Er wirkt zugegeben autoritär, aber immer um der Sache willen. Ist eine Persönlichkeit mit Ecken und Kanten, dabei angenehm bescheiden. Er muss feste Wurzeln haben – vielleicht in der Familie. Auf jeden Fall ist er authentisch, einfach er selbst. Das hat mich tief beeindruckt." Der Piepser des Pflegers Tim unterbricht ihn in seinen Ausführungen. „Das klingt echt cool, aber was hat das mit LOVE, SEX und BEAT zu tun? Ich will mehr wissen, ich komm' gleich wieder." Harry sinniert. Mehr wissen, ja! Was weiß ich denn über mich? Bin ich wahrhaftig? Klar in meiner Sprache? Hab' ich einen festen Kurs – einen inneren Kompass? Was strahle ich wohl aus? Wie sieht mich mein Team?

Harry ist in diesen Tagen unglücklich, unruhig, macht sich große Sorgen, nicht um sich, sondern um seine Firma. Er fühlt sich kraftlos, eingesperrt und erinnert sich an Rilkes Gedicht „Der Panther":

Sein Blick ist vom Vorübergehn der Stäbe
so müd geworden, dass er nichts mehr hält.
Ihm ist, als ob es tausend Stäbe gäbe
und hinter tausend Stäben keine Welt.

Der weiche Gang geschmeidig starker Schritte,
der sich im allerkleinsten Kreise dreht,
ist wie ein Tanz von Kraft um eine Mitte,
in der betäubt ein großer Wille steht.

Nur manchmal schiebt der Vorhang der Pupille
sich lautlos auf. Dann geht ein Bild hinein,
geht durch der Glieder angespannte Stille –
und hört im Herzen auf zu sein.

Harry erkennt, er muss hier an diesem Ort zur Ruhe kommen und Kraft tanken – so schwer es auch sein mag. Ein paar Tage später beim Frühstück sitzend mit Blick auf die Berge beginnt Harry Heartbreaker nachzudenken. Was macht mich aus? Bin ich noch wie früher ein Optimist? Ich bewege doch gerne, kann mich an so vielem freuen, lass' mich gern von meinen Kindern zu vielen Abenteuern anstecken. Früher saßen Kaiser und ich oft in der Denkerzelle, wir haben Ideen produziert, Prozesse optimiert, Kultur geschaffen – war schön. Harry steht auf, sucht einen Zettel. Da entdeckt er auf seinem Nachttisch ein kleines rotes Buch. Er schlägt es auf, erkennt die Handschrift seiner Frau: „Für Herzensgedanken und andere wichtige Sachen, Sonja." Er nimmt das Buch zur Hand und fängt an, in dicken Lettern LOVE zu schreiben. Er sinniert über die Liebe, das Leben mit seiner Frau und den Kindern, die ersten Jahre, als er leidenschaftlich die Herausforderung

STRESSFAKTOREN:

TOD DES EHEGATTEN	**100**
SCHEIDUNG	**73**
TRENNUNG	**65**
KRANKHEIT	**53**
HEIRAT	**50**
ENTLASSUNG	**47**
PENSIONIERUNG	**45**
ÄNDERUNG DER ESSGEWOHNHEITEN	**15**
FERIEN	**13**
WEIHNACHTEN	**12**

PROF. DR. MED. NOSSRAT PESESCHKIAN

angenommen hat, den Betrieb seines Vaters in schwierigen Zeiten zu übernehmen, an die erste Betriebsversammlung – unerschrocken, manchmal frech. Er hat sich nicht von Killer-phrasen wie „Ja, aber" abschrecken lassen. Der Bleistift fliegt über das Papier. Meine Energie hat das Team entzündet. Der Organismus war höchst aktiv und manches vorher Undenkbare war möglich. Trotzdem hab' ich damals man-chen Abend und vor allem das Wochenende mit der Familie verbracht, war so verliebt, zweimal im Jahr beim Bergsteigen ... Mensch, warum damals? Damit will ich wieder anfangen.

Da kommt Frau Dr. Herzer, die er schon von der Visite kennt, auf einen Sprung vorbei, sieht ihn an und sagt: „Man könnte fast neidisch werden, Herr Heartbreaker, wenn man Sie hier so in der Sonne sitzen sieht. Ich hoffe, das Bild trügt nicht und Sie haben endlich einmal auch gedanklich Zeit für sich! Darf ich mich kurz zu Ihnen setzen?" Harry bietet ihr den zweiten Sessel an und sie beginnt zu erzählen: „Wuss-ten Sie, dass das Ausmaß an Stress, das man empfindet, stärker von der eigenen Wahrneh-mung abhängt als vom Geschehen selbst. Die häufigsten Stress auslösenden Faktoren sind Angst, Perfektionismus, Schuldgefühle, Groll und Zeitmangel – allesamt selbst gemacht. Während meiner Zeit in den USA habe ich am HeartMath-Institut Kalifornien gearbeitet und

ZU EINEM VOLLKOMMENEN MENSCHEN
gehört die Kraft des Denkens,
die Kraft des Willens und die
Kraft des

Herzens.

LUDWIG FEUERBACH

eine einfache, überall anwendbare Übung für
Menschen wie Sie mitentwickelt. Diese Technik
ist wissenschaftlich bewiesen, hochwirksam
und funktioniert in fünf Schritten, das sage ich
Ihnen jetzt als Ärztin. Wollen Sie sich's nicht
gleich aufschreiben?

1. Erkennen Sie das, was Sie stresst – und halten Sie kurz inne.
2. Lenken Sie Ihre Aufmerksamkeit vom Verstand auf das Herz, indem Sie sich vorstellen
   durch das Herz zu atmen.
3. Versetzen Sie sich in ein positives, fröhliches
   Gefühl aus Vergangenheit oder Zukunft.
4. Fragen Sie aufrichtig Ihr Herz, welche Reaktion angebrachter wäre, welche Lösung
   vernünftiger.
5. Hören Sie auf Ihr Herz und handeln Sie ent-
   sprechend Ihrer Einsicht.

Diese Technik, konsequent angewendet, ist
grandios, baut Stress ab, führt zu besseren Entscheidungen, löst Probleme, macht kreativer
und verbessert nachweislich Ihre Gesundheit.
Was ich eigentlich sagen wollte, Ihre medizinischen Werte sind nicht schlecht, heute Nachmittag geht es zu einem ersten Rundgang durch
den Park. Tim, der Pfleger, wird Sie begleiten."

Harry verspürt Durst, geht auf den Flur und
fragt Jenny, die Lernschwester, nach Kaffee.

WAHRHAFTIG SEIN

ANNEHMEN

ACHTSAM SEIN

AUFTANKEN

WERTSCHÄTZEN

ZEIT NEHMEN

LOSLASSEN

VERZEIHEN

PFLEGEN

SICH FREUEN

SELBST LIEBE

„Herr Heartbreaker, Kaffee?!? Hier ist unser ultimativer Energy-Booster – die rote Mary." Jenny deutet dabei auf die rote Hagebutte. Alles eine Form der Verpackung, denkt sich Harry, die Frau versteht etwas von Marketing, vielleicht kann ich sie abwerben, und nimmt sich eine Kanne Tee mit.

Zurück in seinem Zimmer ist er überrascht von sich selbst, wie viel er in kürzester Zeit handschriftlich zu Papier gebracht hat. Er resümiert: Liebe Deinen Nächsten wie Dich selbst. Was heißt denn Selbstliebe? Harry öffnet sein Notizbuch und beginnt all die Dinge aufzuschreiben, die ihm gut tun, ihn freuen und sein Herz hüpfen lassen: mit seinen Kindern spielen, mit Sonja einfach die Welt vergessen, an seinem Oldtimer basteln, Waldspaziergänge, ein Kurztrip nach Florenz, ein Abend auf der Piazza Santo Spirito, in Ruhe Zeitung lesen, Börsenkurse studieren, in Biographien versinken, im Karwendel bergsteigen, mit seinem ehemals besten Freund im Weinberg stehen und ihm im Herbst bei der Lese helfen ... Die Sonne strahlt in sein Zimmer, Harry schließt das Notizbuch und macht sich auf die Suche nach Tim, dem Pfleger. Jetzt braucht er frische Luft.

Tim steht bereits mit dem Rollstuhl vor der Tür. Der ist wohl verrückt geworden, schießt es Harry durch den Kopf. Da ruft Tim, der sei-

HEUTE MACHE
ICH **MIR** EINE
FREUDE UND
BESUCHE MICH
SELBST.

KARL VALENTIN

nen Blick sieht: „Meine Devise ist, Kopf hoch, nur Fledermäuse lassen sich hängen. Den Rollstuhl hab' ich nur zur Sicherheit mitgenommen. Kann Sie ja schlecht tragen, sollten Sie schwach werden." Wenige Minuten später weiß er Tims Idee zu schätzen. Der Junge erinnert ihn an sich selbst. Auch er war in diesem Alter pragmatisch praktisch und hat seinen Willen charmant durchgesetzt. Tim hat die Geschichte von LOVE, SEX und BEAT nicht vergessen: „Erzählen Sie mir, was hat Ihr Professor mit LOVE zu tun?" „Er ist schlichtweg ein perfektes Beispiel dafür, wie wichtig es ist, ein gesundes Maß an Selbstliebe zu haben." „Meinen Sie, die Liebe hat nicht nur mit schönen Frauen zu tun, sondern auch mit mir selber? Das ist ja richtig geil", Tim grinst wegen seiner Wortwahl. Harry seufzt: „Nicht gerade romantisch, aber genau das ist die Erkenntnis." Er setzt sich erschöpft in den Rollstuhl und bittet Tim, ihn liebevoll zu schieben. Tim lacht: „LOVE ist also auch Bescheidenheit und Selbstbesinnung." Hoppla, ganz schön frech, denkt Harry Heartbreaker, kann Tim aber nichts übel nehmen.

Wieder im Zimmer sieht Harry Heartbreaker auf dem Tisch ein Fax liegen. Wie immer richtet sich sein Kontrollblick sofort auf die Uhrzeit. Schon vor schlappen vier Stunden hat das Fax die Reha erreicht. Unglaublich, dass er es erst jetzt in den Händen hält. Wütend drückt er auf

DIE AUFMERKSAMKEIT,

DAS VERSTÄNDNIS,

DIE ANNAHME,

DIE GEDULD,

DIE DU DIR

VERWEIGERST,

KANN DIR NIE-

MAND ERSETZEN.

BODO RULF

den Klingelknopf, will lospoltern. Als die Tür aufgeht und die Schwester lachend ins Zimmer schwebt „Was kann ich tun für Sie, Herr Heartbreaker", besinnt er sich schlagartig und fragt verlegen nach einem Bleistiftspitzer: „Danke, dass sie mir das Fax sogar ins Zimmer gebracht haben." „Service included", zwinkert sie ihm zu. Jetzt beginnt er das Fax zu lesen. Monika bittet ihn umgehend um einen Telefontermin, denn sie und die Kollegen könnten nichts entscheiden. Harry ist betroffen: Wie muss ich sein, dass man mir so ein Fax schickt. Keine „Gute Besserung", kein „Wie geht's Ihnen?" Welche Stimmung herrscht in meinem Unternehmen, was ist das für ein Pulsschlag?

Er setzt sich auf sein Bett und nimmt den Hörer zur Hand. Monika meldet sich wie einstudiert nach zweimaligem Klingeln. „Heartbreaker, guten Tag Monika, Sie haben um meinen Rückruf gebeten." „Gut, dass Sie endlich anrufen. Ich habe Sie schon mehrmals angerufen und diverse SMS geschickt. Jetzt bin ich gerade dabei, ein Infopaket samt Unterschriftenmappe zusammenzustellen. Einen Overnight-Kurier hab' ich schon bestellt. Können Sie in Ihr Mail? Ihr Handy hat wohl gar keinen Empfang? Scheint ja nicht gerade eine moderne Reha zu sein. Soll ich etwas anderes für Sie suchen?" Harry entdeckt seine alte Freude, Menschen für kurze Zeit mit seinem Verhalten zu irritieren: „Moni-

VerANTWORTung

ka, wie geht's Ihnen denn?" Eine Frage, die er ihr bisher noch nie gestellt hat. Und nach einer Weile „Wären Sie so freundlich und würden mich bitte mit Uli Kaiser verbinden?" Stille am anderen Ende der Leitung, mit einer schnellen Verabschiedung stellt sie die Verbindung her. Kaiser beginnt wie Monika, ihn sofort über das Tagesgeschäft zu informieren. An Punkt 3 unterbricht Harry Heartbreaker: „Kaiser, ich hab' immerhin eine Herzoperation hinter mir und gerade beginnt mir ein Licht aufzugehen. Ich weiß, das ist alles neu und etwas plötzlich, aber darüber hab' ich viel nachgedacht. Wenn mich einer vertreten kann, dann sind Sie es." Harry atmet tief durch, kündigt noch ein Fax mit allen wesentlichen Punkten und Empfehlungen an. Sein Puls schlägt etwas höher bei seinem ersten Versuch, Verantwortung abzugeben. Mutig, fast befreit und ein klein wenig stolz fährt er fort: „Ich möchte, dass Sie ganz im Sinne des Unternehmens handeln und Entscheidungen bis zu einer Größenordnung von sagen wir 50.000 Euro eigenständig treffen. Morgen telefonieren wir ausführlich zum Thema Kundix. Öfter als zweimal die Woche sollten wir dann nicht telefonieren. Und noch eins: Ich hab' mich gestern an unsere gemeinsame Denkerzelle von damals erinnert. Wissen Sie noch, mit wie viel guten Ideen und mutigen Entscheidungen wir das Unternehmen damals aus seiner ersten Krise geführt haben?" Auch Kaiser erinnert sich,

lockert seine Krawatte und bedankt sich bei Harry mit belegter Stimme für sein Vertrauen, bevor er nahezu sprachlos das Gespräch beendet.

Harry Heartbreaker hat sich natürlich nicht von einem Tag auf den anderen zum entspannten Unternehmer entwickelt. Der Tag ist voller Termine, doch die drehen sich nur um sein Wohlbefinden: Massage, Gespräche, Ernährungsberatung und ein erstes sportliches Trainingsprogramm. All das stresst Harry massiv, denn seine Gedanken kreisen immer wieder um seine Firma und die dringend notwendige Kurskorrektur.

Das Angebot der Reha ist erstaunlich und verführt ihn ab der zweiten Woche, dem ein oder anderen Vortragsabend in der Bibliothek beizuwohnen: Ein Spezialist aus den USA referiert zum Thema „Herzintelligenz" – sehr spannend. Tief bewegt hat ihn die Lesung aus dem Buch „Auf der Suche nach dem Tageslicht – Wie mit meinem bevorstehenden Tod ein neues Leben begann" von Eugene O'Kelly, dem ehemaligen Vorstandsvorsitzenden einer der größten und renommiertesten Wirtschaftsprüfungsgesellschaften der Welt. Im Impulsvortrag „Heartfacts® – Fakten, die Unternehmen bewegen" zweier Münchner Unternehmerinnen hat er sich in vielem wieder erkannt. Merkwürdig.

SOLANGE *Herz* UND AUGEN OFFEN,

um sich am Schönen zu erfreu'n,

solange darf man freudig hoffen,

wird auch die Welt vorhanden sein.

WILHELM BUSCH

Zwischendrin sieht er am einzig öffentlichen Internet-Terminal in seinen Account. Die Verbindung bricht nach Mail 550 erschöpft zusammen. Harry denkt, das ist ein Zeichen. Hin- und hergerissen hadert er mit sich und ist kurz davor abzureisen. Sonja scheint dies zu spüren, ruft ihn an, um ihn zu beruhigen und ihn zu motivieren durchzuhalten. Beim nächsten Telefonat mit Monika bittet er sie, sein elektronisches Postfach in Eigenregie zu entmüllen. Zukünftig soll sie die Devise ausgeben, Mails mit einem „*" Symbol in der Betreffzeile zu versehen, wenn die ganze Nachricht darin enthalten ist und die Mail nicht extra geöffnet werden muss. Er denkt oft an sein Unternehmen, weiß um die anstehenden Projekte und Themen und ist täglich mehr als einmal versucht, in der Firma anzurufen. Doch er beherrscht sich.

Wenige Tage später trifft Harry erneut auf Tim. Dieser ist wieder einmal von einer ansteckenden Fröhlichkeit und spontan fragt Harry ihn diesmal: „Wie kommt das Tim, Sie umgeben sich tagtäglich mit kranken Menschen, die zumeist ungeduldig sind und nicht besonders erquicklich, arbeiten im Schichtdienst mit unterschiedlichsten Vorgesetzten und Kollegen, haben mehr als genug zu tun. Ich seh' Sie, wenn ich es mir überlege, ständig in Aktion." „Ich weiß nicht", sagt Tim. „Hab' noch nicht drüber nach-

ZUHÖREN HEISST:

HIN-HÖREN;

INNE-WERDEN;

DEN,

DEM MAN ZUHÖRT,

AN-NEHMEN,

GELTEN LASSEN,

ERNST NEHMEN.

EIN MENSCH,

DER ZUHÖREN KANN,

HAT SELTENHEITSWERT.

MANCHMAL KANN

EINER,

DER ZUHÖRT,

WICHTIGER SEIN

ALS EIN STÜCK BROT.

UNBEKANNT

gedacht … Aber die Zeit mit meinem Großvater, die hat mich wohl stark geprägt. Er war Schreinermeister, ein fröhlicher Mensch und so voller Leidenschaft für seinen Beruf. Zu seinen Mitarbeitern hatte er ein ganz besonderes Verhältnis, hat an ihrem Leben teilgenommen. Am liebsten saß ich auf seiner Hobelbank. Er hat mir zwei Weisheiten mitgegeben: ‚Das Leben ist ein Geschenk.' Und: ‚Man muss Menschen mögen. Das ist aller Anfang.' Ich vergesse das nie. Ziemlich simpel, oder?" Ganz in Gedanken spricht er weiter. „Mein Großvater hat mich ernst genommen, wenn er sich mit mir unterhalten hat. Er hat sich ganz auf mich konzentriert, mich dabei intensiv angesehen, mir zugehört und nachgefragt. Ich hatte immer das Gefühl, er mag mich so wie ich bin. Selbst bei seinen Ratschlägen hat er immer versucht, die Welt auch mit meinen Augen zu sehen."

Harry will diese Aussagen später unter der Überschrift „LOVE – Menschenliebe" in seinem roten Notizbuch festhalten und fasst die Gedanken noch einmal in seine Worte: „Jemanden lieben, lieber Tim, heißt also, ihn wahrnehmen, ihn mit allen Sinnen erfassen, ihm in die Augen sehen. Je mehr man einen Menschen ansieht, desto angesehener ist man. Jemanden lieben, heißt, ihm zuhören – was viele, auch ich, heute verlernt haben. Da fällt mir Epiktet, der griechische Philosoph, ein: Gott gab uns zwei Ohren, aber nur

WAHRNEHMEN
ANSEHEN
ZUHÖREN
WERTSCHÄTZEN
KONZENTRIEREN
PERSPEKTIVE WECHSELN
RESPEKTIEREN
ERFREUEN
GEBEN VOR NEHMEN

MENSCHEN LIEBE

einen Mund, damit wir doppelt so viel zuhören, wie wir reden! Die Porsche AG, hörte ich, empfiehlt ihren Führungskräften, 80 Prozent zuzuhören und nur 20 Prozent zu reden. Jemanden lieben, heißt auch, sich voll und ganz auf ihn zu konzentrieren. Konzentration ist die Kunst, dort zu sein, wo man ist. Jemanden lieben heißt, auch einmal des anderen Perspektive einzunehmen, ihn wertzuschätzen, auch oder gerade in seiner Andersartigkeit. Sonja ist Gott sei Dank so ganz anders als ich. Sie ist der ruhigere Typ, viel diplomatischer", was Tim veranlasst Harry zu fragen: „Haben Sie schon einmal für einen Tag die Rolle Ihrer Frau oder Ihres Mitarbeiters eingenommen? Wir mussten in unserer Ausbildung für einen Tag Patient in der Klinik sein. Das war richtig spannend. Oft denk' ich an die Übung, mich auf den Stuhl des anderen zu setzen, seinen Blickwinkel einzunehmen und die Welt mit seinen Augen zu sehen. Dieses Bild des 'DU-Stuhls' ist eine klare Anleitung und einfach zu merken." Harry muss lachen. „Mein lieber Tim, der Austausch mit Ihnen ist wirkungsvoller als jedes Medikament. Jetzt würde ich Sie nur bitten, weil's schneller geht, mich mit dem Rollstuhl zur Physio zu fahren."

Die Massage zeigt Harry Heartbreaker wieder einmal, dass er doch noch eher zu den verspannten Typen gehört, aber immerhin auf dem Weg der Besserung ist. Auf dem Rückweg

LOB KOMMT AN,

WENN SIE HERAUSRAGENDES LOBEN,

WENN SIE FÜR NEUE AUFGABEN LOBEN,

WENN SIE IN KRISENSITUATIONEN LOBEN,

WENN SIE OHNE HINTERGEDANKEN LOBEN.

in sein Zimmer begegnet er dem Stationsarzt. Nach einigen medizinischen Unterweisungen berichtet ihm Harry Heartbreaker von dem stets so fröhlichen Pfleger Tim: „Der junge Mann ist eine Bereicherung für Ihr Haus. Er ist präsent, denkt mit und ist äußerst hilfsbereit." Der Stationsarzt sieht ihn verwundert an: „Muss Zufall sein." Harry traut seinen Ohren nicht, wie kann man als Führungskraft so destruktiv sein? „Mir als Unternehmer fällt diese ehrliche und herzliche Begeisterung besonders auf. Eigentlich wär' ein Lob angebracht." In breitem Akzent und fast im Vorbeigehen hört er den Halbgott in Weiß „Nix g'sagt, isch g'lobt g'nug" murmeln. Harry überlegt einen Augenblick, wie es um seine eigene Kultur des Lobens bestellt ist. Wann hat er Monikas Leistung zuletzt gewürdigt? Er bewundert Tim ob seiner intrinsischen Motivation einmal mehr.

Auf Harrys Zimmer steht bereits das Abendessen. Nach dem leichten Genuss und einem kurzen Abendspaziergang setzt er sich mit der schon lieb gewonnenen roten Hagebutte in den Lehnstuhl im Erker und fasst die Thesen aus den Gesprächen des Tages zusammen: Das Leben ist ein Geschenk. Man muss Menschen mögen – Menschenliebe, nach Selbstliebe der zweite Aspekt von LOVE. Sonja ist seine große Liebe. Aber wofür schlägt ihr Herz? Dass er darauf keine Antwort weiß, beunruhigt ihn. Plötz-

Rituale

schaffen ORientierung

fördern Zugehörigkeit

sorgen für Sicherheit

schenken Freude

geben Ruhe und Kraft

vermitteln kulturelles Erbe

verbessern Beziehungen

lich vermisst er sie. Sein Herz wird schwer. Er ruft sie an. Zuhause hebt niemand ab. Hat auch sie Sehnsucht? Die Frage macht ihn nervös. Er versucht sich ganz auf das Wochenende zu konzentrieren und geht ins Bett.

Endlich Samstagnachmittag. Sonja und die Kinder haben sich für 14.00 Uhr angesagt. Am Vormittag wollten sie noch Schlitten fahren gehen. Das lässt ihn schlucken, wie können sie denn etwas anderes im Sinn haben als ihren Vater zu sehen?! Er verdrängt den Gedanken. Um halb drei ist immer noch niemand von der Familie zu sehen und er denkt schon an das Schlimmste. Endlich geht die Tür auf, seine beiden Jungen stürmen herein und fliegen ihm in die Arme. „Papa, Papa, du hast den besten Schlittenberg vor der Tür. Du musst ganz schnell wieder gesund werden, damit du uns hinaufziehen kannst." Der so herrlich unkomplizierte Umgang mit seiner Herzattacke stimmt ihn froh. Bilder und wilde Geschichten wechseln sich ab. Die beiden wollen alles ganz genau wissen, fragen, ob sein Herz auch erlaubt, dass sie endlich das Baumhaus bauen und Torwand schießen und das Boot am See wieder in Gang bringen. „Papa, wir haben uns überlegt, der Samstag gehört ab jetzt uns Männern. Versprochen? Schlag ein!" Tim streckt den Kopf zur Tür herein und fragt, ob die Jungs Lust hätten, mit ihm ins Labor zu gehen. Was für eine Frage. Sonja

DAS ECHTE GESPRÄCH BEDEUTET:
AUS DEM **ICH** HERAUSTRETEN
UND AN DIE TÜR DES **DU** KLOPFEN.

ALBERT CAMUS

blickt auf das Buch und als könne Harry ihre Gedanken lesen: „Ja, ich bin meinem Herzen auf der Spur. Es ist nicht ganz einfach, wenn sich die Erkenntnisse überschlagen. Aber reden wir nicht von mir, erzähl' mir lieber von dir, von euch!" Sonja lächelt, berichtet von zuhause und fragt nach kurzem Zögern: „Harry, ich hab' letzte Woche einen spannenden Text für meinen Verlag übersetzt. Hast du schon einmal vom scholastischen Prinzip gehört?" „Nein – noch nicht." „Hör zu: Die Scholastiker, allesamt Philosophen und Theologen erst an Klosterschulen, dann an Hochschulen, hatten schon im Mittelalter eine sehr effiziente Methode der Kommunikation. Bevor man in einem Dialog auf das antwortet, was man gerade gehört hat, muss man versuchen, das Gehörte mit eigenen Worten wiederzugeben. Dazu fragt man: Habe ich dich richtig verstanden? Erst wenn der Gesprächspartner zustimmt, geht man zur eigenen Antwort über. Harry, du glaubst nicht, wie schwer das ist. Aber es ermöglicht viel intensivere Gespräche. Wollen wir's mal versuchen?"

Harry kann ihr bei so viel Begeisterung den Wunsch gar nicht abschlagen, wenn auch innerlich milde lächelnd. „Fünf Minuten – bei uns undenkbar. Wir probieren es mal mit zwei", sagt Sonja und fängt an zu erzählen. Und wirklich, Harry kann das Gesagte nicht wiederholen. Erst denkt er zeitgleich an seinen Therapieplan,

EIN LAMM KANN KEIN LÖWE WERDEN
UND EIN SPATZ KEINE NACHTIGALL.
DOCH JEDER KANN

EIN *Prachtexemplar*

SEINER ART SEIN.

KYRILLA SPIECKER

dann ob er sie nach der Firma fragen kann und erst gegen Ende gelingt es ihm, wenigstens einen Teil ihrer Erzählung mitzubekommen und zusammenzufassen. Das will er so aber auch nicht auf sich sitzen lassen. Sie probieren es ein zweites Mal. Harry nimmt eine andere Sitzposition ein, sieht seine Frau an, versucht sich nur auf ihre Worte zu konzentrieren und siehe da, es funktioniert tatsächlich. Ein erstes Erfolgserlebnis! Sonja freut sich wie eine Schneekönigin. Harry kommt spontan der Gedanke: So eine Methode könnte uns durchaus auch im Unternehmen bei Konfliktgesprächen helfen.

Am Ende der drei Wochen ist das Buch voll von Herzensgedanken zu LOVE, zu Selbstliebe und Menschenliebe, noch bevor er über die zwei weiteren Heartfacts von Professor Herzmann nachdenken kann. SEX nannte er als zweites. Harry geht zum Spiegel, hält inne, tritt einen Schritt zurück und bewundert sich: Die Falten auf der Stirn sind glatter, die Augen wacher und die Mundwinkel hängen nicht mehr. Die Kids werden seinen Bauch vermissen. Er fühlt sich wohl, entspannt und ist mit sich sichtlich zufrieden.

Ganz spontan greift er zum Hörer, wählt die Nummer von Professor Herzmann und welch' ein Glück, er ist ad hoc für ihn persönlich zu sprechen. Doch noch bevor der Professor ihn

Was Du Ausstrahlst

Ziehst

Du An

nach seinem Befinden fragen kann, berichtet ihm Harry begeistert von seinen Erkenntnissen über die Liebe. Etwas zögerlich fasst er sich dann doch noch ein Herz und fragt den Professor: „Sagen Sie, was meinten Sie denn mit SEX?" Schmunzelnd erwidert dieser: „Was macht Sie attraktiv? Wo liegen Ihre Talente? Was findet Ihre Frau an Ihnen anziehend? Aber da fragen Sie sie am besten selbst."

MUTTI SAGT VON VATI SELBST,
WENN ER VERSCHWITZT IST UND
SCHMUTZIG, DASS ER TOLLER
AUSSIEHT ALS BRAD PITT, DAS IST *Liebe.*

CHRIS, 7 JAHRE

Wieder zuhause

Sonja holt Harry am frühen Nachmittag bei Sonnenschein ab. Sie kann es kaum glauben, dass er zuhause angekommen nicht sofort in die Firma fährt. „Harry, die Jungs übernachten bei Anna. Der heutige Abend, dachte ich, gehört uns. Zuerst gehen wir zu Enrico in die Trattoria um die Ecke."

Dort empfängt und begrüßt der Wirt persönlich seine Gäste: „Ciao Signora, come va? Oh, Sie haben eine neue Frisur – e belisimma, einfach bezaubernd." Ich muss wohl noch viel lernen, denkt Harry, aber jetzt sitzt sie nur mit mir an diesem Tisch. Er hört ihr zu und genießt ihr Lachen. Sie ist ganz irritiert durch seinen Blick: „Irgendwas ist anders, aber es gefällt mir." Das ist Harrys Chance und er traut sich jetzt Sonja zu fragen „Sag' mir, warum hast du mich geheiratet? Was findest du an mir attraktiv?" Und nicht ohne Hintergedanken an des Professors Worte: „Was findest du, sagen wir, sexy an mir? Erzähl's mir, ich will's wirklich wissen." Sonja wird rot, bevor sie erstaunlich präzise und ohne großes Zögern antwortet: „Dein süßer Po, deine schönen Hände – und dein ansteckendes Lachen. Dein Humor in allen Lebenslagen. Deine strahlenden Augen. Deine Neugier. Dein Mut, neue Wege zu gehen und Dinge auch aus dem Bauch heraus zu entscheiden – und meistens

DIE LIEBE BESTEHT ZU DREI VIERTEL AUS

GIACOMO CASANOVA

Neugier.

lagst du damit richtig. Dass du trotz deines Erfolges immer auf dem Teppich geblieben bist und bei allen Rückschlägen dein Optimismus dich nie verlassen hat. Das hat dich damals einmalig und für mich attraktiv gemacht." „Und heute?" will Harry wissen. „Zugegeben, die letzten Jahre waren schwierig. Wir haben eher nebeneinander als miteinander gelebt. Ich fühle mich streckenweise immer noch als Alleinerziehende. Was haben wir früher miteinander gelacht? Weißt du, ich habe mich mehr und mehr auf dich, deine Firma und deinen Lebensstil eingestellt. Solange wir noch wenigstens einmal täglich telefoniert haben, ab und zu intensive Stunden zu zweit verbrachten, haben wir mehr voneinander gewusst. Gewusst, was uns treibt, bewegt, Angst macht und freut. Solche Zeichen und Zeiten sind wichtig! Sie geben mir die Kraft, für dich und die Kinder da zu sein. Harry, ich weiß manchmal gar nicht, wie ich an dich ran komme, dich erreiche – nicht logistisch, sondern im Kopf und im Herzen? Und zu unseren Kindern – ich mache mir augenblicklich große Sorgen um unseren Jüngsten. Er ist ein Lebenskünstler, gewinnt die Herzen aller, ist Klassenbester in Sport und Kunst, dagegen Fünferkandidat in Deutsch und Rechnen. Der Ältere ist, wie du weißt, das Gegenteil, ein eher introvertiertes Mathegenie, der ganz in seiner Welt lebt. Heute hab' ich beim Kinderarzt dazu eine wunderschöne Geschichte, ich glaube aus

GESCHICHTEN

HABEN EINEN HOHEN UNTERHALTUNGSWERT

HABEN EINEN HOHEN ERINNERUNGSWERT

MACHEN KOMPLIZIERTES VERSTÄNDLICH

REGEN ZUM MIT- UND NACHDENKEN AN

SCHAFFEN VERTRAUTHEIT UND VERTRAUEN

AKTIVIEREN UNSER GEHIRN UMFASSEND

MACHEN IDEEN UND GEDANKEN GREIFBAR

SIND IMMER GANZHEITLICH WIE DAS LEBEN

LIEFERN NEBEN FAKTEN KONTEXT UND EMOTION

VERKNÜPFEN WISSENSMENGEN

MACHEN MUT FÜR DIE ZUKUNFT

Afrika, gelesen." Sie zieht eine Kopie aus der Tasche und steht auf: „Vielleicht magst du die Zeit nutzen bis ich wiederkomme." Harry beginnt zu lesen:

Es war einmal ein Vater, der zwei Söhne hatte. Je älter er wurde, desto mehr dachte er über sein Leben nach. Manchmal kamen ihm Zweifel, ob er seinen Söhnen wohl das Wichtigste für ihr Leben weitergegeben hatte. Weil ihn diese Frage nicht losließ, beschloss der Vater, seine Söhne mit einem besonderen Auftrag ins Land zu schicken. Er ließ sie zu sich kommen und sagte: „Ich bin alt und gebrechlich geworden. Meine Spuren und Zeichen werden bald verblassen. Nun möchte ich, dass ihr in die Welt hinaus geht und dort eure ganz persönlichen Spuren und Zeichen hinterlasst." Die Söhne taten, wie ihnen geheißen und zogen hinaus in die Welt. Der Ältere begann sogleich eifrig damit, Grasbüschel zusammenzubinden, Zeichen in Bäume zu schnitzen, Äste zu knicken und Löcher zu graben, um seinen Weg zu kennzeichnen. Der jüngere Sohn jedoch sprach mit den Leuten, hörte ihnen zu, half, wo er konnte, ging in die Dörfer und tanzte und spielte mit den Bewohnern. Da wurde der ältere Sohn zornig und dachte bei sich: „Ich arbeite die ganze Zeit und hinterlasse meine Zeichen und mein Bruder feiert." Nach einiger Zeit kehrten sie zum Vater zurück. Der nahm dann gemeinsam mit seinen Söhnen seine letzte und beschwerliche Reise auf

sich, um ihre Zeichen zu sehen. Sie kamen zu den gebundenen Grasbüscheln. Der Wind hatte sie verweht und sie waren kaum noch zu erkennen. Die gekennzeichneten Bäume waren gefällt worden. Aber wo immer sie auf ihrer Reise hinkamen, liefen Kinder und Erwachsene auf den jüngeren Sohn zu und freuten sich, dass sie ihn wieder sahen und luden ihn zum Essen und zum Feiern ein. Am Ende der Reise sagte der Vater zu seinen Söhnen: „Ihr habt beide versucht, meinen Auftrag zu erfüllen, Zeichen zu setzen und Spuren zu hinterlassen. Du, mein älterer, hast wirklich viel geleistet und gearbeitet, bist mir ähnlich, doch deine Zeichen sind verblichen. Du, mein jüngerer, hast Zeichen und Spuren in den Herzen der Menschen hinterlassen. Diese bleiben und leben weiter."

Harry schluckt. Sonja kommt zurück an den Tisch und lächelt ihren Mann an: „Weißt du Harry, die Herzattacke hat bei allem Schrecken auch ihre guten Seiten. Denn wie mir scheint, hast du über vieles nachgedacht. Ich bin gespannt, was die nächste Zeit bringt."

Verstärkt denkt Harry nach diesem Abend darüber nach, was ihn als Person ausmacht, attraktiv macht – für sich, seine Frau, seine Kinder und auch für seine Mitarbeiter. Mit einem Schmunzeln erinnert er sich an den Jahre zurückliegenden Vortrag des Schweizer Marketingpro-

KULTUR
BEGINNT

ZUHAUSE!

fessors Beat Krippendorf, der fragte: „Und was für eine kulturelle Ausdünstung haben Sie?"

Am Samstagmorgen geht die Tür des Schlafzimmers auf und seine Jungs kommen auf Zehenspitzen zu ihm ans Bett, kitzeln ihn an den Füßen und rufen im Chor: „Versprochen ist versprochen und wird auch nicht gebrochen!" Schlaftrunken will Harry zum Widerspruch ansetzen, da kommt ihm Sonja zuvor: „Harry, erinner' dich, Samstag ist Männertag", und aufmunternd fügt sie hinzu: „Echte Männer lassen Worten Taten folgen." Jetzt fühlt sich Harry herausgefordert und kontert frech: „Deine Männer, mein Schatz, erobern jetzt dieses Bett und bauen daraus eine Ritterburg." Die Jungs springen begeistert in die Federn. Sonja gibt sich geschlagen und verschwindet ins Bad. Sie ziehen zwischen Decken Wassergräben, bauen aus Kissen Türme, formen Zinnen, machen sie uneinnehmbar und starten in einen Tag voller Abenteuer.

DIE GUTE ZEIT FÄLLT NICHT VOM HIMMEL, SONDERN
WIR SCHAFFEN SIE SELBST, SIE LIEGT IN UNSEREM
Herzen EINGESCHLOSSEN.

FJODOR MICHAILOWITSCH DOSTOJEWSKI

Wieder im Büro

Harry startet seit seiner Reha anders in den Tag. Dreimal die Woche geht er zum Walken. Auch werktags, so er zuhause ist, nimmt er sich Zeit für ein ordentliches Frühstück. Frau und Kinder und – kaum zu glauben – der inzwischen heiß geliebte rote Hagebuttentee leisten ihm Gesellschaft. Positiv starten sie in den Tag und stellen sich täglich aufs Neue gegenseitig die Frage: Auf was freust du dich heute besonders? Auch die Verabschiedung ist bewusst und herzlich. Unter dem Scheibenwischer seines Wagens findet er eine Postkarte mit der Botschaft „Herz ist Trumpf, Sonja". Eine Kleinigkeit, die ihn sichtlich freut. Der Tag kann kommen.

Auf dem Weg ins Büro fährt er an Jürgens Blumenladen vorbei. „Den roten Blumenstrauß schicken Sie bitte zu mir nach Hause und den sonnigen gelben nehme ich gleich mit." Ab heute wird auch im Büro vieles anders! Harry nimmt nicht den Weg durch die Tiefgarage, sondern geht schnurstracks wie seine Kunden auch am Empfang vorbei. Frau Müller arbeitet am PC, nickt nur kurz und nimmt ihn nicht wirklich wahr. Schade eigentlich, denn für den ersten Eindruck gibt es keine zweite Chance. Im Aufzug trifft er auf drei Mitarbeiter, die zwar grüßen, aber umgehend auf den Boden starren. Um die Balance zu halten, schaut er nach oben an die

FAKT IST,

FISCH ENTHÄLT NICHT NUR DIE STIMMUNGSFÖRDERNDE AMINOSÄURE TRYPTOPHAN, SONDERN AUCH REICHLICH HERZGESUNDE OMEGA-3-FETTSÄUREN. WER SEINEM GEMÜT UND SEINER GESUNDHEIT ETWAS GUTES TUN MÖCHTE, SOLLTE EINMAL PRO WOCHE FISCH ESSEN. NACH NEUESTEN STUDIEN SINKT ZUDEM MIT STEIGENDEM OBST- UND GEMÜSEKONSUM DAS RISIKO FÜR HERZ-KREISLAUF-ERKRANKUNGEN NACHWEISBAR UM ETWA 30 PROZENT.

Decke. Anders als in der Reha sind die meisten Türen verschlossen und so macht er sich durch den dunklen Gang auf den Weg ins Büro.

Harry Heartbreaker betritt voller Vorfreude sein Büro, geht auf seine Assistentin zu, reicht ihr die Hand und sagt „Guten Morgen Monika, ich bin froh, wieder gesund und munter vor Ihnen zu stehen, und bin Ihnen für Ihre Arbeit in den letzten Wochen von Herzen dankbar. Ein kleines Zeichen ist dieser sonnige Strauß." Harry hofft in diesem Augenblick, dass sie sich nicht nur über die Blumen, sondern auch über seine Rückkehr freut.

Erstaunt blickt sie ihn an, murmelt ein kurzes Danke und informiert ihn sachlich über die heute anstehenden Termine: „Nach einem ersten Gespräch mit Herrn Kaiser und einem kurzen Status zu den Zahlen, Daten und Fakten folgt ein Mittagessen mit dem Betriebsrat im Blauen Bock. Am Nachmittag nur ein einziger Termin mit dem Wirtschaftsprüfer." „Monika, vielen Dank für Ihren Einsatz. Aber damit Sie meine Taten der kommenden Tage und Wochen verstehen, möchte ich als erstes mit Ihnen Mittag essen gehen – und zwar in den Sushi-Laden um die Ecke. Am Nachmittag mache ich einen Rundgang durch die Firma. Das heißt verschieben Sie bitte die beiden Termine." Monika versteht die Welt nicht mehr. Oder doch?

Die Welt verbessern
und dabei verdienen:

Es lohnt sich, darüber nachzudenken.

Erich Kästner

Uli Kaiser, der Vertriebsleiter, überrascht seinen Chef. Er ist bestens vorbereitet, bringt das Wesentliche auf den Punkt, schweigt sich aber über den Verlust des Top-Kunden aus. Das veranlasst Harry sichtlich ungeduldig nachzufragen, schließlich ist ihm seine Herzattacke noch sehr präsent. Kaiser und seinem Team ist es nicht gelungen, den Top-Kunden zurückzuholen. Aber sie haben eingesehen, dass es eine andere Lösung als die Preisreduktion geben muss. Kaiser hat bewusst die Erfahrenen und die Neulinge in seiner Abteilung zusammen geholt, deren Wissen gebündelt und gemeinsam an einem neuen Vertriebskonzept gearbeitet. Sehr engagiert berichtet er, dass sie dabei immer wieder auf die Kernfrage gestoßen seien: Was macht unser Unternehmen einzigartig, unverwechselbar und zukunftsfähig? Was ist es, was uns attraktiv macht, um nicht zu sagen, was macht uns sexy? Jetzt muss Harry Heartbreaker schallend lachen. Wie gut, dass nicht nur er über den Sexappeal seines Unternehmens nachdenkt. „Das ist gut, Kaiser. Genau da müssen wir dranbleiben. Wann ist das nächste Management-Meeting? Machen Sie sich keinen Kopf, ich werde die Frage nach dem Sexappeal unseres Unternehmens stellen. Sie präsentieren Ihr Konzept. Alle Bereiche sollen sich im Anschluss so wie Sie, Kaiser, und Ihr Team gemeinsam an den Tisch setzen, altes und junges Wissen bündeln und die Frage ‚Was macht

ES IST ERSTAUNLICH, WAS
MAN ALLES LERNEN KANN,
WENN MAN WILL.
JEDE *Gewohnheit*
LÄSST SICH ÄNDERN.

SALMAN RUSHDIE

unser Unternehmen aus Sicht Ihrer Abteilung und aus Sicht unserer Kunden wirklich sexy?' beantworten. Dann wollen wir mal sehen." Kaiser ist baff erstaunt und geht von dannen.

Monika sitzt noch immer am Computer, während Harry – schon mit Mantel bekleidet – aus seinem Büro kommt. Auf die Nachfrage, ob sie nicht mit ihm essen gehen wolle, sagt sie verdutzt: „Haben Sie das wirklich ernst gemeint?" „Natürlich, ich werde doch nicht am ersten Tag schon wieder alle guten Vorsätze über Bord werfen. Und machen Sie sich mal keine Sorgen, die Reha war gerade lang genug, um mich an den bekannten Regeln zu üben: Innerhalb von 72 Stunden muss man Vorhaben in Taten umsetzen. Und 21 Tage braucht man, um alte Gewohnheiten zu ändern. Ich bin über dem Berg." Zum allerersten Mal an diesem Tag zucken Monikas Mundwinkel und sie hat keine Chance, sie gehen unweigerlich nach oben. Bei Sushi und Sashimi, beides für Harry Heartbreaker noch etwas gewöhnungsbedürftig, berichtet er von seiner Begegnung mit Professor Herzmann, den anregenden Gesprächen mit dem Pfleger Tim, seiner Familie und den daraus resultierenden Erkenntnissen.

„Monika, glauben Sie mir, es kommt im Leben auf drei Dinge an: LOVE, SEX und BEAT. Das sind die Fakten – und davon bin ich fest über-

zeugt – die auch Unternehmen bewegen." Monika hält im Kauen inne. Viel hat sie von ihrem Chef erwartet, aber das nicht. Sie schluckt, schiebt den Teller zur Seite und folgt nun mit ganzer Konzentration seinen Worten. Harry erläutert LOVE völlig natürlich mit Selbst- und Menschenliebe. Unter SEX versteht er die Anziehungskraft des Einzelnen und des Unternehmens. Und was der Professor mit BEAT sagen wollte, dem sei er noch auf der Spur. Monika überlegt: Beat heißt im Englischen Rhythmus, Schlag, Takt. Meint er vielleicht den Herzschlag? „Wir werden es herausfinden." Welche Kraft im „wir" liegen kann, wird ihm jetzt bewusst. „Und was macht Ihr Herz?" reißt sie ihn aus seinen Gedanken. „Ich arbeite daran", antwortet er, zahlt und sie gehen zu Fuß zurück ins Büro.

Der Nachmittag steht ganz im Zeichen der Neugier. Harry Heartbreaker will in sein Unternehmen eintauchen und fängt in der Produktion an. Dort ist es ganz im Gegensatz zum neuen Bürogebäude laut, heiß und schmutzig. Viele Mitarbeiter hat sein Vater noch eingestellt und deren Söhne wiederum er. Was ihn von Beginn an in diesem Bereich beeindruckt hat, dass der Wissenstransfer hier von ganz allein läuft, die Älteren sehen sich in der Verantwortung, die Jüngeren an ihren Erfahrungen teilhaben zu lassen. Hubert ist Schichtführer. Er hatte damals die Idee, einen kontinuierlichen Verbesse-

Wenn man *Mitarbeiter*
so behandelt,
als seien sie die Firma,
dann handeln sie auch so.

Jim Goodnight

rungsprozess einzuführen, der täglich gefüttert und zweimal im Monat von den Mitarbeitern der Produktion bewertet wird. Die Idee des Einzelnen wurde damals aus dem Team heraus mit einem freien Tag honoriert, den die anderen aufgefangen haben. Das war die Perfektion der dynamischen Selbstverwaltung. Heute wirken die Gesichter der Männer eher teilnahmslos, als er durch die Reihen geht. Hier ein kurzer Gruß, dort ein Nicken. Auf Nachfragen, für welchen Kunden sie denn gerade arbeiten, wie der Lagerbestand aussehe und wie zufrieden sie mit den Rohstoffen seien, bekommt er nur knappe Antworten. Nicht wirklich hat er eine Ahnung, was seine Mitarbeiter bewegt, sie antreibt. Er erkennt: Es besteht akuter Handlungsbedarf!

Nach der Produktion führt ihn der Weg durch die kleine Grünanlage in die Verwaltung. In der Auftragsannahme im Erdgeschoss hört er das Telefon klingeln, zählt in Gedanken bis drei. Das Telefon klingelt immer noch. Eine Weiterschaltung ist nicht aktiviert. Er blickt um die Ecke und sucht vergebens nach einem Mitarbeiter, was ihn veranlasst, einen Sprung nach vorne zu machen und den Hörer selbst abzunehmen. „Heartbreaker" ruft er in den Hörer und ärgert sich im gleichen Augenblick über sein unprofessionelles Melden. Ein Mitarbeiter von der Flott AG ist am Apparat, der sich bitterlich über das noch nicht überarbeitete Angebot

beklagt. Schon vor einer Woche hätte er dafür die Zusage bekommen. Harry Heartbreaker ist froh, dass der Kunde nicht realisiert, wen er an der Leitung hat. Er versucht den Abteilungsleiter mobil zu erreichen und erschrickt über den lockeren privaten Ansagetext auf der Mailbox des Geschäftshandys. Nein, er will sich nicht aufregen. Das macht jetzt und hier überhaupt keinen Sinn.

Neugierig geht er ins nächste Büro. Die Teams stehen zusammen und ein bevorstehender runder Geburtstag ist hier das große Thema. Als man ihn sieht, erklärt man ihm, dass es einen EDV-Ausfall gegeben hätte und die Systemadministratoren schon daran arbeiten würden. Sie sind der Meinung, vor 16.00 Uhr ginge gar nichts. Auf sein Nachfragen, was man denn bis dahin gedenke zu tun, heißt es: „Ja gar nix, Harry." Mit Hannes war er schon im Kindergarten per du. „Es geht ja heut' nix mehr ohne Computer." Die frische Luft ist notwendiger denn je, bevor er in die nächsten Geschäftsbereiche geht. Er zieht sich einen Kaffee aus dem Automaten, wirft den Becher nach dem ersten Schluck gleich in den Müll. Das schmeckt ja fürchterlich, schlimmer als in der Reha. Auch das bedarf der Änderung: Kommunikationszentrum? Cafeteria? Das Notizbüchlein, welches ihn auf seinem Rundgang begleitet, wird fleißig mit Ideen und Bemerkungen bestückt.

ANGEHEN

– NICHT AUSSITZEN!

FÜHRUNGSPRINZIP VON DR. MICHAEL OTTO,
CHEF DER GLEICHNAMIGEN HANDELSGRUPPE (BIS 2007)

Harry, denkt er, lass dich nicht entmutigen. Vor der Therapie die Diagnose – weiter geht's, ermuntert er sich selbst.

Im Controlling diskutieren die Mitarbeiter über die letzten Quartalszahlen, die zwar nicht berauschend sind, aber einen Hoffnungsschimmer am Horizont erkennen lassen. Was ihm hier auffällt, ist der rege Austausch um die noch verständlichere Darstellung von Zahlen, Daten und Fakten. In einer Blitzlicht-Runde wird das Wissen jedes Einzelnen erbeten und erhört. Das Wochenmeeting ist auf 30 Minuten begrenzt und findet im Stehen statt. Harry ist überrascht, hier im Controlling hätte er am wenigsten Dynamik, Eigeninitiative und Tatendrang vermutet. Schade, dass dieses Team keinen Kundenkontakt hat. Die Meetingkultur gefällt ihm, könnte zum Vorbild werden. Er bittet einen Mitarbeiter, die wichtigsten Spielregeln zusammenzufassen und im nächsten Bereichsleiter-Meeting vorzustellen. Beim Hinausgehen entdeckt er an der Tür den Spruch:

> Erfolg ist,
> wenn man um eine Idee besser ist.

Voll Optimismus ist er ins Marketing unterwegs. Yeah, hier herrscht das Design zumindest in der Kleidung der Mitarbeiter vor. Just black – für ihn zu düster, aber bitte schön. Der Marke-

FAKT IST,

zwei Drittel aller Führungskräfte lassen sich bei ihrem täglichen Handeln von der Unternehmenskultur beeinflussen.

Studie des Rationalisierungs- und Innovationszentrums der Deutschen Wirtschaft, n = 3.500

tingchef telefoniert offensichtlich mit der Werbeagentur, die er soeben zur Schnecke macht, in einem Ton, der ihn sehr stark an seinen eigenen vor der Herzattacke erinnert. Wild gestikulierend knallt Armano den Hörer auf und schreit ins Büro: „Diese Idioten! Nie verstehen sie, was ich ihnen sage." Harry streckt den Kopf durch die Tür und fragt zuallererst: „Du bist ja näher an der Herzattacke als ich!" Armano schimpft: „Giusto, und dann geht auch noch mein bester Mitarbeiter zur Konkurrenz." Armano arbeitet seit mehr als fünf Jahren im Unternehmen. Er ist überaus engagiert und identifiziert sich zu 100 Prozent mit „seinem Laden", wie er das Unternehmen nennt. Die Mitarbeiter der Werbeagentur verzweifeln regelmäßig. Aber Armano ist Italiener, Gastgeber aus Leidenschaft und irgendwann lädt er wieder zum Nudelessen ein und bringt alle wieder in eine konstruktive Stimmung mit wirklich guten Ergebnissen. Noch bevor Harry Heartbreaker sich zu Armano setzen will, um mit ihm über das aktuelle Problem zu sprechen, läuft ihm Jim mit einem Knopf im Ohr über den Weg. Er will ihn schon irritiert aufhalten, ob dies ein Scherz sei, da unterbricht ihn Armano: „Arry, reg' dich nicht auf, das ist unser Trendscout. Er kennt nicht nur jede Szenekneipe, sondern auch die neuesten technischen Anwendungen. Heute ist er dem Podcasting auf der Spur. Er ist ein Verrückter und Querdenker. Alora, lass ihn machen. Er ist

EIN MENSCH BEGEISTERT
ZU **10 %** DURCH SEINE WORTE,
ZU **30 %** DURCH SEIN TUN UND
ZU **60 %** DURCH SEIN SEIN!

ROMANO GUARDINI

für uns – wie, scusi, wie sagt man auf Deutsch – eine Frischzellenkur." Obwohl seine drei Mobiltelefone ständig klingeln oder SMS piepsen, macht Armano für Harry erstmal einen richtig guten Kaffee. Die Maschine hat er aus Milano selbst mitgebracht. Sie besprechen das Problem mit der Agentur und Harry schreibt ihm abschließend nur einen Satz auf das Pinboard an der Wand:

> Kommunikation ist das,
> was ankommt!

Die Personalabteilung sowie Forschung und Entwicklung verschiebt Harry Heartbreaker auf morgen. Er muss zugeben, doch noch nicht voll bei Kräften zu sein. Zurück im Büro berichtet er Monika kurz seine Eindrücke: „So eine Entdeckungsreise durch das Unternehmen kann echt Gold wert sein! Da spürt man die reale Stimmung, erkennt viel schneller als am Schreibtisch unsere Chancen und Herausforderungen." Monika sieht ihn interessiert an und bemerkt: „Wer etwas von seinen Leuten wissen will, geht wohl besser zu ihnen an den Arbeitsplatz." „Ja, ich glaub', da hab' ich großen Nachholbedarf. Bitte tragen Sie die Aktion Rundgang als wöchentlich fixen Termin in meinen Kalender ein."

Er bespricht mit ihr die Agenda für das bevorstehende GBL-Meeting und verschickt diese

FAKT IST,

EIN DRITTEL SEINES KNOW-
HOWS NIMMT JEDER RUHE-
STÄNDLER MIT, OHNE DASS
EIN UNTERNEHMEN DIESES
ZUVOR DOKUMENTIERT HAT.

LEARNTEC-STUDIE 2006

drei Tage vorher rechtzeitig an alle Teilnehmer. Monika bestellt anstatt Kekse kleine Obstspieße und Schnittlauchbrote und nimmt sich – als Auftakt für ein besseres Klima – vor, den Raum gut zu durchlüften. Heißes Wasser und die gute Hagebutte werden zur Selbstverständlichkeit.

Oft denkt Harry an Tim, seinen Pfleger und Begleiter in der Reha, und bittet Monika um eine Grußkarte. Er schreibt in Handschrift: „Herz ist Trumpf! Erinnern Sie sich noch? LOVE, SEX und BEAT sind nicht nur für mich, sondern auch im Unternehmen zur Herzensangelegenheit geworden. Besuchen Sie mich doch mal. Sie sind jederzeit herzlich willkommen. Unsere Stadt ist cool und in jedem Fall eine Reise wert. Herzlichst, Ihr Harry Heartbreaker." Monika steckt die Karte ins Kuvert und wendet sich an ihren Chef: „Auf diesen jungen Mann bin ich ja sehr gespannt! Da fällt mir ein, wir sollten auch die Jubilare einmal zu Ihnen einladen." Mutig fügt sie hinzu: „Wollen wir nicht ein Ritual für Jubilare einführen? Das würde zeigen, wie sehr wir auch die älteren Mitarbeiter und die Verbundenheit zur Firma schätzen." Harry spielt den Ball zurück und bittet sie um Vorschläge.

Zum ersten Mal seit seiner Herzattacke besucht Harry am Mittwochabend wieder ein Monatstreffen seines Wirtschaftsverbandes. Erstaunt begrüßen die Mitglieder einen sichtlich gesün-

der und fitter aussehenden Harry Heartbreaker in ihrer Runde. Während sich die einen in Zurückhaltung üben, fragen ihn andere neugierig nach seinem Weg der Genesung. Eindrucksvoll berichtet er über seine Begegnungen und Erkenntnisse. Ein alter Freund seines Vaters kommt auf ihn zu, klopft ihm aufmunternd auf die Schulter und steckt ihm mit den Worten „Ich musste beim Lesen an dich denken" einen Artikel aus der „ZEIT" (vom 16.12.2004) zu: „Bei Gelegenheit würde ich mich gerne mit dir darüber unterhalten. Die für dich interessanten Stellen hab' ich gleich markiert." Früher als üblich verabschiedet sich Harry und nimmt sich zuhause noch die Zeit, den Artikel „Ich habe einen Traum" von Dr. Michael Rogowski, dem ehemaligen BDI-Präsidenten und Vorsitzenden des Aufsichtsrates der Voith AG, zu lesen:

Mit 16 träumte ich davon, als Kapitän zur See zu fahren. Und das, obwohl ich wasserscheu war. Ich wollte zur See fahren, die große weite Welt sehen, auf der Brücke meines Schiffes stehen, meine Mütze schwenken und meine Mannschaft in neue Welten führen. [...] Heute träume ich diesen Traum noch immer, ich stehe vor dem Hauptmast meines Dreimasters und zeige anderen, wohin die Reise geht. Ich habe mir eine Besatzung zusammengestellt, die solidarisch, kämpferisch, begeisterungsfähig und kreativ ist. Mit ihr gemeinsam habe ich das Schiff gebaut. Wir tau-

EINE FÜHRUNGSKRAFT, DIE

✔ORBILD IST,

✔ERTRAUEN SCHAFFT,

✔ERPFLICHTUNG SPÜRT,

✔ERANTWORTUNG LEBT,

MACHT TRÄUME WAHR.

fen es auf den Namen Freiheit. Das gemeinsame Bauen führt dazu, dass sich meine Mannschaft mit diesem Schiff identifiziert. Im Laufe dieses Prozesses stelle ich fest, bei welchen Gelegenheiten meine Männer Krach miteinander bekommen, wie sie sich dabei verhalten und wie ich schlichten kann. Auf hoher See kann man seine Mannschaft nicht austauschen. Stürme, Einsamkeit, Sehnsüchte, Verlangen und Launenhaftigkeit führen zu Konflikten, die ich entschärfen können muss. […] Löse ich Probleme nicht allein, entscheidet das Team. Es gibt auch keine Stempeluhren oder Schichtpläne. Ich lasse die Mannschaft entscheiden, wie sie am besten mit dem Rund-um-die-Uhr-Job klarkommt. Jeder weiß: Auf hoher See gibt es keinen Hafen. Das Segelschiff meiner Träume transportiert keine Frachten, sondern ist aufgebrochen, um ein bestimmtes Land zu finden, in dem ich die Wirtschaft der Zukunft vermute. […] Der Lohn ist die Ankunft am Ziel. Um ein guter Kapitän zu werden, braucht man zunächst Misserfolge, an denen man wachsen kann. So wie auch Manager möglichst früh Misserfolge erleben müssen. […] Ich merke, wie sehr ich mein Team brauche, da ich das Schiff durch die Gischt der hohen Wellen nicht allein steuern kann. An Bord meines Traumseglers erwartet niemand, dass ich dort schlafe, wo die Mannschaft schläft. Ich tue es dennoch gelegentlich, weil ich wissen will: Wie lebt meine Mannschaft? Wie kommuniziert sie? Lebt man seinen

Betroffen?

Beteiligt!

Mitarbeitern als Chef ganz bestimmte Werte vor, nehmen die einem nicht übel, dass man viel verdient. Gefühle wie „Der ist für uns da", „Der steht für uns ein", „Der teilt mit uns", „Der ist verlässlich", „Der respektiert uns" sind wichtige arbeitspsychologische Voraussetzungen. [...] Dennoch kommt es auf meinem Schiff zu einer Meuterei – eine Erfahrung, die ich außerhalb meiner Träume mehrmals gemacht habe. Aber es funktioniert auch dieses Mal nicht. Der Meuterer bringt die Mannschaft nicht hinter sich. Mir gelingt es, die Männer davon zu überzeugen, dass meine Entscheidungen der Sache dienen und nicht meinen eigenen Launen. [...] Gestartet sind wir in einem Land, in dem die Angst dominiert. Als wir endlich ankommen, nach Monaten auf See, da ist uns, als schauten wir auf eine fremde Welt. Die Gentechnologie hat das Leben dort vollständig revolutioniert, Natur- und Heilpflanzen sowie Homöopathie stehen gleichberechtigt neben der Apparatemedizin. [...] Es wurden Tomaten mit Wirkstoffen entwickelt, aus denen man Medikamente gegen Krebs extrahierte. In meinem Traum gründen wir mit meinem Kapital ein Pharmazie-Unternehmen, das an diesem Fortschritt weiterarbeitet. Ich beteilige meine Mannschaft daran mit einer Quote. Wir entwickeln gemeinsam ein Vergütungssystem, das mit einem Fixum an jeden beginnt, dessen Höhe von der jeweiligen Tätigkeit abhängt. Die weitere Bezahlung ist ergebnisabhängig. Wir nehmen uns Ziele vor, die wir

ERFOLG IST,
WAS FOLGT,
WENN WIR
UNS SELBST
FOLGEN.

in einem gewissen Zeithorizont erreichen wollen. Ein weiterer Topf, aus dem ich in harten Zeiten einen Vergütungsausgleich zahlen kann, wird parallel angespart. [...] Mir ist allzu gegenwärtig, wie Fachkräfte in meinen, aber auch anderen Unternehmen außerhalb ihrer Arbeit rührig in Vereinen Projekte leiten, während sie tagsüber ihren Job bestenfalls unauffällig erledigen. Deshalb muss man Potenziale wecken, wenn sie nicht von selbst zu strahlen beginnen. [...] Von Anfang an wecke ich in meinem Team die Fantasien und Talente jedes Einzelnen: Hilfsbereitschaft, Organisations- und Integrationsfähigkeit, Selbstverantwortung. Unser Unternehmen wird ein Erfolg. [...] Eines Tages wird dieser Traum auch in Deutschland wahr.

Harry sieht den Traum in Bildern vor sich und freut sich auf das Gespräch mit dem Freund seines Vaters. Inspiriert geht er mit dem Gedanken an seinen eigenen Unternehmenstraum ins Bett.

Am nächsten Morgen eilt Harry zuallererst in das Büro der Auftragsannahme. Inge Block und Hans Trotz sind irritiert über den persönlichen Besuch des Chefs. Er begrüßt seine Mitarbeiter mit Namen und schildert sichtlich verärgert sein Telefonerlebnis vom Vortag. „Sind Sie sich bewusst, dass eine einzige schlechte Erfahrung an nur einer Stelle bei 79 Prozent aller Kunden

FAKT IST,

IN ÜBER 250 VERÖFFENTLICH-
TEN, EMPIRISCHEN STUDIEN
KOMMT AUCH DER FÜHRENDE
FORSCHER DR. JEFFREY S. LE-
VIN ZU DEM SCHLUSS: EINE
POSITIVE EINSTELLUNG BE-
LEGT EIN POSITIVES GESUND-
HEITSERGEBNIS. NACH LEVIN
IST SOZIALE UNTERSTÜTZUNG
EIN SCHLÜSSELASPEKT. EBEN-
SO HELFEN HOFFNUNG UND
DIE FÄHIGKEIT ZU VERGEBEN
DABEI, WIRKUNGSVOLLER MIT
STRESS UMZUGEHEN.

ausreicht, damit sie für das ganze Unternehmen verloren sind? Das gilt laut Handelsblatt (vom 02.06.2006) für Europa und die USA. Wir haben schlicht nur eine Chance. Wir müssen unsere Kunden ernst nehmen, ihnen zur Lösung verhelfen und nicht für sie zum Problem werden, sie positiv überraschen und uns nach Kräften engagieren. Es liegt allein in Ihrer Verantwortung, diese Kundenbeschwerde nun noch ins Positive zu wenden! Setzen Sie ein Zeichen. Wenn ich etwas von meiner Seite dazu beitragen kann, lassen Sie's mich wissen. Informieren Sie mich in jedem Fall in zwei Tagen über den Stand der Dinge. Herr Trotz, Sie ändern bitte umgehend den privaten Ansagetext auf Ihrer Mobilbox des Geschäftshandys." Die Mitarbeiter wollen soeben in die Rechtfertigung gehen, da unterbricht sie Harry: „Ich bin nicht auf der Suche nach Schuldigen, sondern erwarte von Ihnen, die unser Haus an vorderster Front nach außen repräsentieren, Lösungen. Mensch, ich weiß doch, was in Ihnen steckt. Denken Sie doch nur an Ihre grandiose Leistung bei der SAP-Einführung. Sie haben den Kollegen gezeigt, was machbar ist, wenn man seine Fähigkeiten bündelt und konzentriert arbeitet. Jetzt brauch' ich Ihre Spitzenleistungen notwendiger denn je."

Um 10.00 Uhr begrüßt Harry Heartbreaker alle Teilnehmer der GBL-Runde. Er hat sich aus der

Führen

ist etwas Aktives.
Führen heisst, die Lust zu wecken
an der Entfaltung der eigenen Fähigkeiten
und am Dienst für die Gemeinschaft.

Lance Secretan

Klinik ein Herzmodell besorgt. Kurz und knapp erklärt er, was die Auslöser für seine Herzattacke waren: „Das Herz ist unser Betriebssystem, das uns zum Laufen bringt und uns zellulär, mental und emotional ins Gleichgewicht bringen kann." Begeistert stellt er diese praktische und wissenschaftlich fundierte Herzensübung aus dem kalifornischen HeartMath-Institut vor und startet sogleich einen gemeinsamen Versuch – wissend, dass rasche Resultate äußerst motivierend wirken. „Entscheidend für unsere Zukunft werden neben den harten Fakten die Heartfacts sein: LOVE, SEX und BEAT." Sein Führungsteam sieht ihn stirnrunzelnd an: „Meine Damen, meine Herren, die Stirn hab' auch ich gerunzelt. Ich hatte viel Zeit zum Nachdenken und bin von Herzen dankbar, dass ich den Professor als Mentor habe. Selbst ich als faktenorientierter Typ habe – zugegeben, es hat etwas gedauert – die Heartfacts für mich selbst und unser Unternehmen entdeckt. Der Wandel nimmt zu, die Komplexität wächst. Wir laufen Gefahr, unseren Halt zu verlieren. Die einzig wirklich verlässliche Quelle für Stabilität ist eine starke innere Haltung, die Bereitschaft sich zu verändern und alles außer diesem inneren Kern anzupassen. Es liegt mir am Herzen, dass die Heartfacts zur kreativen Energie unseres Unternehmens werden. Was wir auch immer verändern an Prozessen, Strukturen, im Umfeld, diese Fakten sind unser Kern.

OHNE DIE *Liebe*
IST
DIE ARBEIT SINNLOS.

KHALIL GIBRAN

1. LOVE: Zur Liebe ist mir doch einiges ein-
gefallen. Ich hab' zwei Ebenen entdeckt.

Ist einem etwas lieb, kümmert man sich darum.
Kümmern Sie sich um Ihren Körper, um Ihren
Geist, Ihre Seele? Sorgen Sie für Ausgleich? Was
sind Ihre Tankstellen? Wo Ihre Quellen? Wenn
Sie diese Fragen für sich beantworten können,
dann schätzen sie sich selber wert. Und das
meine ich mit Selbstliebe. Sie ist die Basis für
einen wertvollen Umgang mit unserem Umfeld.

Können Sie für sich beantworten, wann Sie Ihre
Mitarbeiter das letzte Mal angesehen haben?
Ich meine damit, in die Augen gesehen. Haben
Sie so wie ich nicht auch das aktive Zuhören
verlernt? Versetzen Sie sich in Gesprächen und
Entscheidungen auch mal in Ihr Gegenüber, ob
Mitarbeiter oder Kunde? Sehen Sie die Welt ab
und an auch mit seinen Augen? Teilen Sie mehr
oder weniger auch die Theorie: ‚Nix g'sagt, isch
g'lobt g'nug.' Es geht hier einfach um die Wert-
schätzung, nennen Sie es Nächstenliebe oder
Menschenliebe.

2. Jetzt zum SEX, dem zweiten Heartfact:

Das hab' ich zunächst verdrängt und dann mit
viel Mut meine Frau gefragt, was sie an mir sexy
findet. Wir wollen das hier nicht vertiefen, aber
ich kann Ihnen nur empfehlen: Haben Sie Mut

SE**X**APPEAL

DES EINZELNEN

AUSSTRAHLUNG

TALENTE

HUMOR

GEPFLEGTES ÄUSSERES

und fragen Sie sich und ihr Umfeld! Könnte sich lohnen. Was ist es, was uns anzieht? Worin liegt Anziehungskraft, die Attraktivität für einen selbst und für das Unternehmen?

Wir wollen doch auch Mitarbeiter, die sich ihrer Stärken bewusst sind, diese ausbauen und mit Freude einbringen. Mir ist klar geworden, dass der Sexappeal des Einzelnen – privat wie beruflich – verantwortlich ist für den persönlichen Erfolg. Lassen Sie uns die Frage übertragen: Was macht unser Unternehmen sexy? Sind wir ein attraktiver Arbeitgeber? Was zieht unsere Kunden an? Was glauben Sie, macht unser Haus unwiderstehlich?"

Der Erste erwähnt die unglaubliche Qualität. Der Zweite spricht vom hervorragenden Lieferservice. Die Dritte vom technologischen Vorsprung. Der Vierte vom Preis-Leistungsverhältnis. Armano, der Marketingchef, unterbricht: „Scusate amici, non è niente di nuovo! Wir dürfen uns nicht länger verführen lassen von Mittelklasse und Selbstverständlichkeiten."

Harry wirft ein: „Mein Professor formulierte es sogar noch deutlicher. ,Durchschnitt ist auf der Intensivstation der Exitus.' Qualität ist heute Basis. Viele Services sind mittlerweile Standard. Die Technologie als Wettbewerbsvorteil? Überholt sich auch immer schneller. Billiger

FAKT IST,

DIE DEUTSCHE EDEKA-KETTE HAT FESTGESTELLT, DASS FÜNF PROZENT WENIGER AN-GEBOT IM KAFFEESORTIMENT ZEHN PROZENT MEHR UMSATZ BRACHTE.

geht nicht mehr. Es ist nur eine Frage der Zeit, bis wir uns zu Tode gespart haben. Die einzige Ausnahme ist, als Preismarktführer die Nummer 1 zu sein. Doch der Zug ist leider ... schon 'gen China abgefahren."

Uli Kaiser berichtet, dass er und sein Team bei der Ausarbeitung des neuen Vertriebskonzeptes immer wieder auf eben diese Kernfrage „Was macht unser Unternehmen sexy?" gestoßen seien. Uli Kaiser erläutert: „In ersten Gesprächen mit Kunden und Experten haben wir folgende Ansätze ausgemacht:

1. Vereinfachung

Nur ein Beispiel für eine einfache Anwendung ist der i-pod. Neben der Vereinfachung technischer Geräte bieten auch deren Gebrauchsanweisungen nahezu unendliches Potenzial. Weniger ist einfach mehr: Die Firma Schmitz Cargobull startete durch, seit sie ihr Angebot an LKW-Aufliegern auf vier Grundtypen reduzierte. Mobilfunkanbieter revolutionieren derzeit ihre Handytarife: ein Preis, kein Vertrag, kein Mindestumsatz. Dass sich Vereinfachung tatsächlich in Verkaufszahlen niederschlägt, bestätigt auch eine US-Studie an simplen Marmeladen: Bei 24 Sorten im Supermarkt-Regal blieben mehr Leute stehen, doch am Ende kauften nur 2 Prozent. Beim Angebot von 6 Sorten

Das Hotel Sacher verkauft keine
Übernachtungen oder Tortenstücke.

Es verkauft **Emotionen**
und ein Stückerl Wien.

*Elisabeth Gürtler, Chefin des Wiener Hotels
Sacher und Organisatorin des Wiener Opern-
balls (bis 2007)*

wurden dagegen 12 Prozent zu Käufern! Lassen Sie uns einmal gemeinsam überlegen, was wir vereinfachen könnten?

2. Emotionalisierung

Machen wir dem Kunden wieder Lust, unsere Produkte zu kaufen. Wie? Mit unserer Sprache, mit Ritualen, Erlebnissen, mit unserer Verpackung ... Wir sollten uns wieder stärker vor Augen führen:

> Menschen kaufen nur zwei Dinge
> 1. Problemlösungen
> 2. Gute Gefühle

Einer unserer Kunden erzählte mir von deren Messeauftritt auf der Kunststoffmesse: Sie bauten ein Technikum nach. Alle Mitarbeiter dieser Firma waren im Grau-Blau der Besucher und Aussteller in ihren weißen Labormänteln sofort zu erkennen. Nach anfänglich großer Ablehnung der Idee verlieh das Tragen der Labormäntel auf der Messe dem Team Flügel. Sie waren das Messegespräch, haben Altkunden reanimiert, sich bei Interessenten im Relevant Set platziert und waren unheimlich stolz."

Harry Heartbreaker gefällt, was er hört. Er klinkt sich ein: „Neben der Vereinfachung und der Emotionalisierung ist die Unternehmens-

VIELE FÜHRUNGSKRÄFTE

BAUEN EINEN PANZER UM SICH AUF, DAMIT MAN IHRE SCHWÄCHEN NICHT ERKENNT. DEN GILT ES AUFZU-BRECHEN: WER SICH NICHT ÖFFNEN KANN, FÜR DEN WIRD ES HIER SCHWER. AUF DAUER GELINGT ES NIE-MANDEM, SICH ZU VERSTELLEN. WENN JEMAND SEINE FRAU MIT EINEM BABY SITZEN LÄSST, DANN IST DAS EIN ZEICHEN DAFÜR, DASS ER UNSERE GRUNDWERTE NICHT TEILT. **UNTERNEHMENSKULTUR** HÖRT NICHT AM FABRIKTOR AUF.

MICHAEL HILTI, CHEF DER HILTI AG (BIS 2006)

kultur ein wichtiger Aspekt, um sich zukünftig vom Mitbewerb zu differenzieren. Bitte ergänzen Sie daher unbedingt als weiterer Punkt

3. Unternehmenskultur."

„Das wollte ich auch gerade sagen", bemerkt Uli Kaiser. Unbeirrt fährt Harry Heartbreaker fort. Es ist sein Herzensthema: „Eine erlebbare, positive Unternehmenskultur, die wir diszipliniert vorleben, schafft Vertrauen. Vertrauen ist die Basis für jede Beziehung. Diese gemeinsame innere Haltung ist es, die für Sicherheit und Orientierung sorgt. Kennen Sie den Spruch:

> People don't care how much you know,
> until they know how much you care.

Dass gelebte Unternehmenskultur ein essentieller Erfolgsfaktor ist, beweisen Unternehmen wie Hilti, Hipp, Obi, Trumpf oder auch die Würth-Gruppe. Sie leben Wertschöpfung durch Wertschätzung."

Was Harry Heartbreaker unbedingt vermeiden will, ist sich im kleinen Kreis eine wahnsinnig kreative Positionierung auszudenken, die dann von den Mitarbeitern nicht getragen und nicht gelebt wird. Deswegen beschließt er, in seinem nächsten Montagsmail mit den neuesten Informationen an alle seine Mitarbeiter die Frage

EINFACHHEIT

DYNAMIK

TATKRAFT

FAIRNESS

SE**X**INESS
DES UNTERNEHMERS

„Was macht unser Unternehmen sexy?" zu integrieren.

Albert Stein aus der Forschung meldet sich zu Wort: „Gute Idee, alle Mitarbeiter zu beteiligen und das gesamte Know-how der Firma zu nutzen. Für die Auswertung der Antworten schlage ich ein neutrales Gremium aus allen Geschäftsbereichen und Hierarchien vor." Gudrun Knecht denkt weiter: „Die Mitarbeiter mit den innovativsten Antworten könnten wir zu einem Open Space Tag einladen. In diesem Zukunftszirkel erarbeiten wir dann, was die Attraktivität unseres Unternehmens steigern könnte. Denken Sie nicht nur an unsere Produkte, sondern auch an die Anwendung, den Service, Pre und After Sales oder die Weiterbildung. Das wäre vielleicht der Anfang für ein neues Ideenmanagement."

Harry beendet an dieser Stelle aufgrund der fortgeschrittenen Zeit das Meeting. Immer öfter spürt er seit seiner Rückkehr, dass sein Führungsteam anfängt, Spaß daran zu finden, sich wieder stärker – um nicht zu sagen von ganzem Herzen – zu engagieren. Die Mitarbeiter kommen mit neuen Ideen, die sie im Vorfeld gegenseitig abgestimmt haben. Harry sieht sie gemeinsam im Casino Mittag essen. Es bewegt sich was. Jetzt muss er dranbleiben und diese Energie ins ganze Unternehmen bringen. Nur wie?

Eigentlich ist es ganz einfach. LOVE genauso wie SEX fangen bei einem selber an, kosten kein Geld und machen sogar noch Freude.

Monika reißt ihn aus seinen Gedanken und informiert ihn, dass Tim, der Pfleger aus der Reha, soeben am Empfang eingetroffen ist. Harry macht sich spontan auf den Weg, um ihn persönlich abzuholen. Die beiden begrüßen sich herzlich, fast freundschaftlich, als hätten sie sich gestern zum letzten Mal gesehen. Heute führt Harry ihn durch sein Unternehmen, verrät begeistert und sichtlich stolz das ein oder andere Detail, bis er jäh von einem „Du hier?" unterbrochen wird. Tim kennt Jim noch aus Schulzeiten und fragt Harry: „Ich wusste gar nicht, dass Sie in Ihrem Unternehmen auch Star-Fotografen beschäftigen?" und an Jim gewandt „Was machst du hier?" „Ich arbeite hier im Marketing, bin den neuesten Trends auf der Spur und komme zum Fotografieren leider nur noch selten." Tim ist baff erstaunt: „Herr Heartbreaker, wissen Sie überhaupt, welches Talent Ihnen entgeht? Er hat schon damals alle Fotowettbewerbe in unserer Stadt gewonnen! Die Wände hier sind noch ganz leer, schicken Sie Jim doch einmal mit seiner Kamera durchs Haus und gewinnen Sie dadurch ganz neue Perspektiven." Mit einem prüfenden Seitenblick auf Harry bricht jetzt auch die Begeisterung in Jim hervor: „Wir könnten vielleicht Menschen,

GELEBTE *Disziplin*
MUSS EBENSO
TRAINIERT WERDEN
WIE DIE AUSDAUER
UNSERES KÖRPERS.

WWW.PERSPEKTIVE-MITTELSTAND.DE

Maschinen und Produkte in den Fokus stellen – ganz kunstvoll und trendy in Schwarzweiß." Harry sieht Jims Augen strahlen und findet Gefallen an der Idee. Er geht mit Tim in die Kantine zum Mittagessen, während Jim noch ganz aufgeregt Armano von seiner Begegnung berichtet. Armano fragt ungläubig: „Was, du kannst fotografieren? Alora, wenn die Bilder gut werden, können wir uns für die neue Broschüre gleich die Agenturkosten sparen!" Jim denkt den Rest des Tages nur noch an Motive, Belichtungen und sieht die Ausstellung in den verschiedenen Etagen schon vor seinem geistigen Auge. Morgen nach der Arbeit wird er im Haus gleich auf Motivsuche gehen.

Am nächsten Tag geht Harry wie jetzt jeden Morgen am Empfang vorbei in sein Büro. Die Reaktion auf sein verändertes Verhalten hätte er früher keinem geglaubt: Frau Müller lacht, grüßt nicht nur ihn, freut sich über die paar Minuten und hat eine völlig andere Haltung. Das ist der beste Beweis, dass es sich lohnt, gnadenlos dranzubleiben – mit aller Disziplin.

Die Situation im Aufzug ist unverändert. Er muss das dringend mit Gudrun Knecht, die für das Personal verantwortlich ist, klären. Als Harry sie zwei Tage später fragt, nach welchen Kriterien sie bei der Bewerberselektion vorgeht, antwortet diese: „Das Fachwissen steht, wie Sie

BEAT,

DER

TAKTVOLLE

UMGANG:

OHNE BITTE KEIN DANKE. ANSEHEN SCHAFFT ANSEHEN. EIN GRUSS IST ALLER ANFANG. LÄCHELN IST DIE KÜRZESTE VERBINDUNG ZWISCHEN ZWEI MENSCHEN. MITEINANDER STATT ÜBEREINANDER REDEN. DABEI IST REDEN EIN BEDÜRFNIS, ZUHÖREN EINE KUNST. DAS WICHTIGSTE WORT IST SCHLICHT DER NAME. WENN DU INTERESSANT SEIN MÖCHTEST, SEI INTERESSIERT. PÜNKTLICHKEIT IST IMMER NOCH EINE ZIER. WENN JEDER JEDEM HELFEN WÜRDE, WÄRE ALLEN GEHOLFEN. FEHLER ZUGEBEN STATT SCHULDIGE SUCHEN BEWEIST TAKT. FAKT IST, HÖFLICHKEIT IST EIN KAPITAL, DAS SICH HOCH VERZINST. RESPEKT, MEIN LIEBER HERR GESANGSVEREIN!

wissen, an erster Stelle – am besten MBA-Absolventen. Gefolgt von größtmöglicher Flexibilität, also Singles sind mir lieber als Familienväter. Frauen insgesamt eher schwierig, bei den Ausfallquoten." Harry entgegnet: „Können Sie sich vorstellen, dass diese Kriterien auch der Grund sind für die so müde Stimmung im Unternehmen, das völlig ungenügende Sozialverhalten? Allein der Gesichtsausdruck unserer Mitarbeiter ist erschreckend. Gudrun, stellen Sie sich mal am Morgen in unser Foyer und sehen Sie sich diese Gesichter an. So stehen die hoffentlich nie vor unseren Kunden!" Die Mitfünfzigerin sieht ihn forsch an und fragt zurück: „Was heißt denn für Sie taktvoller Umgang?" Harry überlegt: „Das fängt für mich schon beim Grüßen an, mein Gegenüber mit Namen ansprechen, ihn aussprechen lassen, aktiv zuhören, ganz banal danke und bitte sagen, pünktlich sein, Handys bei Besprechungen ausschalten und wenn schon, dann nicht lauthals vor anderen telefonieren, bis hin zu Mails ohne Schreibfehler mit ordentlicher Anrede und Grußformel oder noch besser: Öfter einmal über den Flur gehen und persönlich miteinander sprechen." „Klingt gut. Tun Sie's denn?" nimmt ihn Gudrun beim Wort und ergänzt: „Als Frau freue ich mich noch heute, wenn mein Mann mir in den Mantel hilft, die Autotür aufhält oder sich erhebt, wenn eine Frau an den Tisch kommt." Gudrun Knecht fordert Harry auf, in der Füh-

Vorbild

ZU SEIN IST NICHT DAS WICHTIGSTE,
WENN WIR EINFLUSS AUF ANDERE NEHMEN WOLLEN.
ES IST DAS EINZIGE.

ALBERT EINSTEIN

rungsriege doch mal als erstes den taktvollen Umgang zum Thema BEAT zu üben und zwar konsequent und diszipliniert. Dann würde sie auch in ihrem Bereich aktiv. Sie hätte da auch schon ein paar Ideen. Harry weiß einmal mehr, die Frau hat im Unternehmen schon zu viel erlebt. Sie zu überzeugen macht er zur Chefsache. „Gudrun, seit meiner Rückkehr gehe ich jeden Morgen am Empfang vorbei, grüße Frau Müller mit Namen und erkundige mich ab und an nach ihrem Befinden. Mittlerweile reagiert sie, sie ist viel freundlicher. Wollen wir als Auftakt nicht jeder Führungskraft eine harte Nuss aus seiner Abteilung zum Knacken geben? Im Sommer soll jeder Mitarbeiter die Veränderung spüren. Ich bin überzeugt, nur wenn wir Führungskräfte als Vorbilder den taktvollen Umgang kontinuierlich pflegen, wird dieser auch von den Mitarbeitern gelebt." Gudrun Knecht ist erstaunt über Harrys Freundlichkeitsoffensive: „Gute Idee, könnte billiger und wirkungsvoller sein als Benimm-Seminare." „Sehen Sie, erste Einsparpotenziale", zwinkert Harry. „Damit wir Worten Taten folgen lassen können, ist es wohl an der Zeit, mit der Führungsmannschaft in Klausur zu gehen. Ich möchte meine Erfahrungen und Erkenntnisse zu LOVE, SEX und BEAT einbringen und auf dieser Basis unsere Unternehmenskultur gemeinsam definieren, um sie mit voller Kraft ins Unternehmen zu tragen. Nehmen Sie bitte die Organisation in die Hand."

Takt

IST

DER

VERSTAND

DES

HERZENS.

KARL GUTZKOW

Die Tankstellen

Auf dem Weg nach Hause versucht Harry gedanklich den Geschäftsalltag soweit möglich
hinter sich zu lassen und freut sich, dass er es
heute einmal zum Abendessen schafft. Am Tisch
berichten die Kinder über ihre Abenteuer. Harry
betrachtet Sonja. Sie hat tiefe Augenringe, ist
schmal geworden, sieht erschöpft aus. Sie hat
in den letzten Monaten Unglaubliches geleistet.
Harry erinnert sich an das Gespräch mit Prof.
Herzmann, als er ihm das Erfolgsgeheimnis seiner Ehe verraten hat: Selbst wenn er noch so
gestresst nach Hause kam, sich lieber mit der
Zeitung aufs Sofa zurückgezogen hätte, um nur
ja nicht reden zu müssen, hat er fast immer seine Frau nach ihrem Tag gefragt und damit bewusst Anteil an ihrem Leben genommen. Eine
gute Beziehung ist nicht selbstverständlich,
Herr Heartbreaker, sie bedeutet Arbeit, ist aber
zugleich eine unserer größten Tankstellen.

Nachdem die Kinder im Bett sind, macht Harry
mit Sonja, so oft es ihnen die Zeit erlaubt, einen
flotten Spaziergang durch den Park. Er stellt
ihr viele Fragen, lässt sie erzählen. Sie bedankt
sich für seine liebevolle Herz-Postkarte vom
Morgen mit der Einladung zum wöchentlichen
Jour Fix mit ihm ganz allein. Sie denkt an seine
Vorschläge wie Kuscheln, Kino, gemeinsam Kochen, Vorlesen, lacht und nutzt die Gunst der

NUR WER DIE *Herzen* BEWEGT,
BEWEGT DIE WELT.

ERNST WIECHERT

Stunde: „Begleitest du mich am Mittwoch zu den Münchner Philharmonikern und Christian Thielemann?" Harry sagt zu.

Am Konzertabend selbst kommt Harry Heartbreaker wirklich in allerletzter Minute aus dem Büro. Kaiser fährt ihn mangels Parkplätzen schnell in die Philharmonie und erzählt ihm auf der Fahrt: „Im Übrigen haben wir uns an der Ausschreibung für das Millionenprojekt beteiligt." Harry entsetzt: „Sind Sie wahnsinnig?" Kaiser bleibt locker: „Gerade jetzt brauchen wir diese Herausforderung. Produktion und Forschung und Entwicklung sind mit dabei. Und wissen Sie was, so wir den Zuschlag bekommen, werden wir unserer Mannschaft zuallererst ein Beispiel zeigen: ‚Das Wunder von Bern' – Sie wissen, 1954, Deutschland schlägt den haushohen Favoriten Ungarn 3:2! Das ist das beste Beispiel dafür, was allein der gemeinsame Wille zum Erfolg bewirken kann." „Das finde ich wirklich mutig", nickt Harry anerkennend, „zur Filmvorführung stifte ich dann die Getränke und eine Brotzeit."

Sonja steht nervös am Eingang: „Harry, das Orchester wartet nicht auf dich!" Eine Minute bevor der Konzertmeister mit dem Kammerton a einstimmt, nehmen sie seitlich vom Orchester Platz. Der Generalmusikdirektor hebt den Taktstock. Der erste Satz beginnt.

DIE ROLLE DES UNTERNEHMERS IST EIGENTLICH DIE EINES DIRIGENTEN. WENN'S LOSGEHT, MUSS ER EINE IDEE HABEN, WIE ETWAS GESPIELT WIRD, MUSS DIE GROSSEN BÖGEN KENNEN. ER MUSS ABER AUCH DIE PARTITUR STUDIERT HABEN, MUSS SCHAUEN, WENN EINER ETWAS FALSCH SPIELT. AUSSERDEM MUSS ER KOORDINIEREN UND MOTIVIEREN, DAMIT SIE NICHT NUR LANGWEILIGE NOTEN SPIELEN, SONDERN IHR BESTES GEBEN.

PROF. DR. CLAUS HIPP, DEUTSCHLANDS ERFOLGREICHSTER HERSTELLER VON BABYNAHRUNG UND KÜNSTLER

Nie zuvor ist Harry aufgefallen, wie ein Dirigent nonverbal kommuniziert, die Aufmerksamkeit mit kleinsten Bewegungen auf sich zieht, bei jedem Einsatz bestimmte Musikergruppen oder die Solisten fokussiert und 120 Frauen und Männer, junge und alte, dicke und dünne, in diesen unverwechselbaren Klang bringt.

Sonja kennt einen der Orchestervorstände, der sie in der Pause kurz begrüßt und auf die Frage, wie sie mit Christian Thielemann zurecht kämen, antwortet. „Es ist ganz einfach, alleine können wir Kirchen bauen, mit ihm gemeinsam bauen wir Kathedralen!" Wie er das schaffe, fragt Harry. „Unser Dirigent spricht in den Proben eine klare und einfache Sprache. Er sieht uns an und hört uns zu. Er stellt die Lösung und nicht das Problem in die Mitte, lässt sich Spielarten und Interpretationen anbieten. Er verlangt Spitzenleistung. Und er gibt uns Orientierung, weil er einen Klang, ein Ziel mit uns verfolgt. Mit seinem Blick nimmt er uns in die Verantwortung." Da klingelt die Pausenglocke. Sie verabschieden sich. „Pünktlichkeit ist bei uns oberstes Gebot."

Harry hält einen Augenblick inne: „Sonja, es ist die Kunst des perfekten Zusammenspiels." In dem Augenblick weiß Harry, dass sein Professor mit BEAT nicht nur den taktvollen Umgang meinte.

BEAT, DAS RHYTHMISCHE ZUSAMMENSPIEL: WOLLEN · KÖNNEN · KONZENTRATION · PRÄSENZ · VERANTWORTUNG · WIR-GEFÜHL · RESPEKT · EINHEIT AUS VIELFALT · DISZIPLIN · EFFIZIENZ · EINSTIMMUNG · KLARHEIT

Auf dem Nachhauseweg geht Harry das Herz auf: „Sonja! Dieses Orchester lebt das perfekte Zusammenspiel. Wie oft haben die schon Brahms und Bruckner gespielt. Sie scheren sich einen Teufel, ob andere das auch tun. Jedes Mal aufs Neue lieben sie die Herausforderung, noch besser zu sein. Sie sind alle Individualisten, hochprofessionell, aber sie verfolgen e i n e n Klang. Dieser Klang hat sie berühmt gemacht und jeder hat seinen Anteil daran. Das ist der Rhythmus, der Pulsschlag, von dem der Professor sprach. Wenn dieser im Unternehmen spürbar ist, dann meistern wir alle Herausforderungen."

Sonja stimmt ihm zu: „Harry, ich glaube tatsächlich, dass Unternehmen von Orchestern viel lernen können. Sie konzentrieren sich auf den Inhalt, geben in den Proben unmittelbares Feedback, sind neugierig im Miteinander, hören aufeinander, haben eine klare Ordnung, eine feste Struktur, nehmen sich selbst als Experten oftmals zurück und spielen ganz selbstverständlich nicht links Brahms und rechts Bruckner."

An diesem Abend versäumt Harry es nicht, seiner Dankbarkeit Ausdruck zu verleihen. Er nimmt Sonja in den Arm und küsst sie: „Danke für die vielen kleinen und großen Dinge, die du für mich getan hast! Das rote Notizbuch beispielsweise war für mich die beste Starthilfe. Und heute hilft es mir dranzubleiben."

Beim Zubettgehen nimmt er immer öfter das Notizbuch als Bettlektüre zur Hand und reflektiert über die drei Heartfacts:

LOVE
Selbstliebe, die bei mir beginnt und
Menschenliebe im Miteinander

SEX
die eigene Attraktivität und
die Anziehungskraft des Unternehmens

BEAT
der eigene taktvolle Umgang und
das rhythmische Zusammenspiel

Als letzte Tat des Tages schreibt Harry ein Zitat von Gandhi, das ihm aus dem Herzen spricht, in sein Notizbuch:

W i r
müssen die Veränderung sein,
die wir in der Welt sehen wollen!

BEHÜTE DEIN *Herz*
MIT ALLEM FLEISS,
DENN DARAUS QUILLT DAS LEBEN.

SALOMO, ALTES TESTAMENT

Epilog

... oder Ausreden zählen nicht. Fakt ist, es ist nie zu spät, sein Herz zu trainieren. Jeder von Ihnen, ob Unternehmer oder Führungskraft, Mitarbeiter oder Familienmanager, kann sich selbst verändern – und damit als Vorbild auf sein Umfeld wirken. Jeder von uns kann Herzensbildung zu seinem Thema machen und die drei Heartfacts LOVE, SEX und BEAT in seinen Alltag integrieren. Wann fangen Sie damit an?

Aus eigener Erfahrung wissen wir: Die Umsetzung der drei Heartfacts macht Spaß, kostet kein Geld, verbessert nachweislich auch Ihre Beziehungen und sorgt für eine positive, lebendige Unternehmenskultur als Basis für nachhaltigen Geschäftserfolg. Es sind die Fakten, die Unternehmen in Zukunft bewegen! Stellen Sie sich nur vor, wie es sein könnte, so Sie Ihren Beitrag zu einer Führung mit Herz und Verstand leisten!

Die folgenden zwölf Herzensübungen sind eine Einladung an Sie, um dem Herzen auf der Spur zu bleiben. Beginnen Sie mit dem für Sie wichtigsten Thema. Alles auf einmal zu verändern funktioniert nicht. Es ist allein die Erkenntnis und es sind die kleinen Erfolge, die einen motivieren, sich zu disziplinieren und dranzubleiben.

LOVE

Herzensübung 1
LOVE – Selbstliebe

Ist einem etwas lieb, kümmert man sich darum! Lieben Sie Ihr Leben? Dann kümmern Sie sich darum und fangen Sie damit an.

Sie benötigen eine Viertelstunde, einen Platz, an dem Sie sich wohl fühlen, ein weißes Blatt Papier, im Idealfall frische Luft und Morgenlicht! Falten Sie das Blatt in drei Spalten.

1. Erinnern Sie sich an die schönsten Orte – Häuser, Räume, Plätze, Parks, Museen, Bibliotheken etc. – an denen Sie sich besonders wohl fühlen. Schreiben Sie diese untereinander in Spalte 1. Nehmen Sie sich dafür fünf Minuten Zeit.

2. In Spalte 2 notieren Sie Dinge, die Sie besonders gerne tun: beispielsweise Zeitung lesen, mit den Kindern spielen, Börsenkurse studieren, ins Kino gehen, einem Konzert lauschen, kochen, tauchen, Motorrad fahren, durch fremde Städte schlendern, bergsteigen, die Natur erleben ... Geben Sie sich fünf Minuten Zeit.

3. In Spalte 3 tragen Sie die Namen der Menschen ein, mit denen Sie sich gerne umgeben, die Ihnen am Herzen liegen, die Sie

ANFANGEN

inspirieren, die Sie kennen lernen wollen, mit denen Sie wachsen können. Investieren Sie wieder fünf Minuten Ihrer Zeit.

Danach öffnen Sie das Blatt, sehen es sich lange an und freuen sich über das Leben, das vor Ihnen liegt, das S i e jeden Tag neu gestalten.

Legen Sie das Blatt in Ihr Notizbuch, ergänzen Sie es nach Herzenslust und lesen Sie es, so oft es geht. Machen Sie daraus ein Ritual, das hilft dranzubleiben: vor dem Zubettgehen, auf der Fahrt ins Büro, im Flieger oder auch auf dem Nachhauseweg in einem Café um die Ecke. Vorteil: Sie kommen entspannter nach Hause, weil Sie schon ab- bzw. umgeschaltet haben.

Lesen und schreiben Sie, bis die Sehnsucht so groß wird, diese Plätze zu besuchen, die Dinge zu tun und die Menschen zu treffen, die Ihr Herz hüpfen lassen! Das sind Ihre Tankstellen und Ankerplätze.

Tipp

Um anzufangen und dranzubleiben, empfehlen wir Ihnen ein kleines Notizbuch als ständigen Begleiter. Unter www.heartfacts.de können Sie das Heartfacts-Notizbuch bestellen. Es ist rot, strapazierfähig und passt in jede Sakko- oder Handtasche.

LOVE

Herzensübung 2
LOVE – Selbstliebe

Das Leben ist ein Geschenk – packen Sie es aus! Suchen Sie sich für die kommenden Wochen einige Zeitfenster, die nur Ihnen gehören. Überlisten Sie die Macht der Gewohnheit und den Stress des Alltags, indem Sie sich mit sich selbst verabreden. Wie wäre es mit ein, zwei Stunden pro Woche?

Tragen Sie diesen Termin wie einen Jour Fix in Ihren Kalender, Timer oder Palm ein. Informieren Sie Ihren Partner, Ihre Familie, Ihre Mitarbeiter oder Kollegen. Verbringen Sie diese Zeit an den Orten, mit den Menschen und mit den Dingen, die Ihnen am Herzen liegen. Einige Ideen, die uns Führungskräfte erzählt haben und die für uns zu wertvollen Quellen geworden sind, haben wir für Sie zusammengestellt:

- Hin- und Zuhören
  Besuchen Sie ein Konzert und machen Sie Ihren Ohren und Ihrem Hirn mit Mozart, Beethoven oder Bach ein Geschenk. Als Entspannungsmusik inspirieren Sie vielleicht die CDs von Peter Berliner.

- Begegnen und Entdecken
  Treffen Sie sich mit einem Menschen, der Ihnen wertvoll ist, den Sie lange nicht mehr

AUFTANKEN

gesehen haben, oder mit einem, der Sie be-
flügelt, weil er so ganz anders ist als Sie.

* Durchatmen und Bewegen
Ihr Herz hüpft, wenn Sie Ihren Körper mobilisieren. Nehmen Sie sich dreimal pro Woche
30 Minuten Zeit, ob flotte Runde im Park, auf
dem Hometrainer oder im Hotel-Schwimm-
bad. Gönnen Sie sich für den Start einen
Personal Trainer. Das motiviert und bringt
Resultate.

* Fokussieren
Gehen Sie z.B. mittags mit der Kamera durch
den Park und fotografieren Sie das erfolg-
reichste Unternehmen der Welt – die Natur.
Es geht darum, Ihren Blick für das Schöne,
das Besondere, das Einzigartige zu schärfen.
Befreien Sie sich von zu hohen, künstleri-
schen Ansprüchen.

* Lesen und Begreifen
Holen Sie sich die Literaturbeilage der „Zeit"
und versinken Sie bei Rotwein, Tee oder Cap-
puccino in den Rezensionen. Oder gehen Sie
in eine wirklich gute Buchhandlung. Das
allein kann schon ein Ausflug für die Seele
sein.

Beschenken Sie sich und schätzen Sie sich
selbst wert!

LOVE

Herzensübung 3
LOVE – Menschenliebe

Wahrnehmen mit allen Sinnen! Erinnerungen verbinden wir oft mit Düften und Gerüchen. Denken wir an den Guglhupf unserer Großmutter, ofenwarmes Brot, frisch geschlagenes Holz, eine Blumenwiese, ein Baby, das Meer. Dabei geht uns das Herz auf.

Für uns gehört unser wöchentlicher Einkauf auf dem Wochenmarkt zu den lebendigsten Oasen für die Sinne. Und für Sie? Lassen Sie sich von uns verführen. Besuchen Sie einen Wochenmarkt, wo auch immer Sie auf der Welt sind. Probieren Sie und kaufen Sie nach Herzenslust ein. Ein knuspriges Holzofenbrot, Butter aus dem Fass, Obst und Gemüse von heimischen Bauern. Fragen Sie, was einen wirklich guten Apfel oder eine Kartoffel ausmacht. Kosten Sie neue Käsesorten.

Verweilen Sie, beobachten Sie die Menschen vor und hinter den Ständen. Nehmen Sie diese Bewegung wahr, die Dynamik, die Freude am Tun, das Lachen – lassen Sie sich anstecken und nehmen Sie diese Freude mit. Zuhause öffnen Sie Körbe und Taschen, probieren, naschen. Verwöhnen Sie Ihren Gaumen und Ihre Nase und feiern Sie ein kleines kulinarisches Fest der Sinne.

Schärfen Sie Ihre Wahrnehmung mit allen Sinnen! Was könnten Sie noch tun? Wir gehen gerne an Orte, die wir nicht kennen, die uns vielleicht fremd sind, aber interessant sein könnten. Denken Sie an Werkstätten, Galerien, Spielplätze, Forschungsinstitute, Hinterhöfe, Bibliotheken, Friedhöfe, Wälder, Berggipfel … Wenn möglich gehen wir am Morgen dorthin, um die Ruhe zu genießen.

Als „Trainer" für Ihre Wahrnehmung bitten Sie einen Menschen, der den Ort Ihrer Wahl gut kennt und begeistert darüber berichten kann, Sie zu begleiten. Bitten Sie ihn, Sie ganz allein durch die Ausstellung oder Natur zu führen. Wen könnten Sie ansprechen? Wenn wir niemanden an diesem Ort kennen, dann rufen wir bei der Pressestelle der jeweiligen Einrichtung an. Lassen Sie sich nicht zu einer allgemeinen Führung überreden. Mit Hartnäckigkeit, Charme und Neugier wird oft Unmögliches möglich. Schenken Sie diesem Ortskenner Ihre ungeteilte Aufmerksamkeit, unterbrechen Sie ihn nicht, hören Sie ihm zu, sehen Sie ihn an.

Konzentrierte Aufmerksamkeit ist das größte Geschenk, das wir einem Menschen machen können. Jeder von uns sehnt sich nach Ohren und Augen, die uns signalisieren, es ist schön, dass du hier bist. Menschen- oder Nächstenliebe beginnt mit der Wahrnehmung.

LOVE

Herzensübung 4
LOVE – Menschenliebe

Wertschöpfung durch Wertschätzung! Erinnern wir uns an unsere Jugend. Wir haben uns mächtig angestrengt beim Fußball spielen, Ski fahren, Klavier spielen, Zimmer aufräumen, Drachen bauen, Kuchen backen. Die Freude am Gelingen war groß, genauso wie die Sehnsucht nach Anerkennung. Ein Lob hat uns immer motiviert, dranzubleiben, weiter zu machen, es wieder zu versuchen, noch mehr Eifer hineinzulegen.

Jeder Mensch, gleich wie alt er ist, sehnt sich nach Wertschätzung. Ehrlich gemeint lädt sie unsere Batterien auf, ist der Motor für gute Leistungen, motiviert und gibt Kraft weiterzumachen.

Uns fasziniert, wie große Dirigenten ihre Wertschätzung zeigen. Nach jedem guten Konzert lassen sie Solisten wie Musikergruppen einzeln und das gesamte Orchester aufstehen, damit jedem für seine Leistung gesondert applaudiert werden kann. Der Dirigent nimmt sich in diesem Augenblick zurück. Das Orchester kommt in den Genuss des direkten Lobes, weiß aber auch, nach dem Spiel ist vor dem Spiel. Wir müssen uns das Lob jedes Mal aufs Neue verdienen, sagen sie, die Großen, bescheiden.

Ver**DIENEN**

Noch eines kann die Wirtschaft von Musikern lernen: Selbst die Musiker applaudieren sich gegenseitig mit für uns meist unsichtbaren Gesten, wenn eine Stelle besonders geglückt ist. Achten Sie einmal auf deren Bögen, Beine und Hände. Die Musiker scharren fast lautlos mit den Füßen, manche streichen sich mit der Hand übers Bein, bewegen die Finger hinter dem Rücken oder halten den Daumen hoch.

„Applaudieren" Sie Ihren Mitarbeitern, Kollegen, Vorgesetzten nach einer geglückten Präsentation, einem abgeschlossenen Projekt, einem neu gewonnenen Kunden? Anerkennende Worte sind persönlich ausgesprochen am schönsten, kommen aber ehrlich gemeint auch via Mail oder SMS an. Auch mit einem Danke, einer Einladung, einem Buch, einer Blume, einer stillen Geste, einer Notiz am Schreibtisch oder mit Zeit für ein Gespräch können Sie Ihrer Anerkennung Ausdruck verleihen.

Keiner will, dass Sie zum aufgesetzten Dauerlober werden. Es gilt, Positives zu sehen, anzuerkennen und zu fördern. Loben Sie gezielt und ohne Hintergedanken bei besonderen Leistungen. Die Hauptsache ist, dass Ihre Worte oder Gesten von Herzen kommen. Aus unserer Erfahrung heraus sind es die Kleinigkeiten, die unvergesslich und zum Nährboden für Spitzenleistung werden.

SEX

Herzensübung 5
SEX – Attraktivität des Einzelnen

Welche kulturelle Ausstrahlung haben Sie?
Was macht Sie aus? Was macht Sie attraktiv?
Sind Sie neugierig und offen? Lachen Sie gerne?
Auch über sich selbst? Können Sie sich noch
freuen, darüber berichten und die Freude auch
zeigen? Kennen Sie Ihre Stärken? Und Ihre
Macken?

Attraktivität hat neben einem gepflegten Äuße-
ren etwas mit Ausstrahlung zu tun: mit innerer
Zufriedenheit, einem wachen Blick, einer gera-
den Körperhaltung, einer festen Stimme und
viel Humor. Unzählige Menschen sind nicht unbedingt schön, aber unglaublich attraktiv.

Schauen Sie morgen früh nach dem Aufstehen
in den Spiegel und fragen Sie sich: Wollen Sie
mit dem Mann, der Frau, die Ihnen entgegen-
blickt, leben, arbeiten, feiern, etwas aufbauen,
in den Urlaub fahren?

Sie zweifeln? Dann ist jetzt der beste Moment,
Ihre Anziehungskraft zu steigern. Allein diese
Erkenntnis ist doch wunderbar. Also lachen Sie
einmal in Ihren Spiegel. Und was entdecken
Sie? Kleine Lachfalten? Grübchen? Einen strahlenden Blick? Ein Grinsen? Sie sind attraktiv,
wenn Sie wollen. Sie müssen es nur zeigen.

LACHEN

HALBIERT DAS HERZINFARKTRISIKO

TRAINIERT 300 MUSKELN

STÄRKT DAS IMMUNSYSTEM

HOLT ANDERE INS BOOT

ENTSCHÄRFT KONFLIKTE

BAUT SOZIALE SPANNUNGEN AB

STEIGERT DAS ERTRAGSNIVEAU

Für die, die glauben, dass Sie Ihren Sexappeal optimieren könnten, haben wir ein paar Tipps:

- Humor
  Grinsen Sie jeden (!) Morgen Ihr Spiegelbild an! Es ist wissenschaftlich erwiesen, dass selbst dämliches Grinsen Ihre Glückshormone freisetzt. Wir lachen gerne und uns kaputt bei Büchern von Max Goldt und Jan Weilers Antonio, herzerfrischenden Filmen wie „Wer früher stirbt ist länger tot" und mit unseren Nichten und Neffen. Im Durchschnitt lachen Kinder 400 mal am Tag, Erwachsene 15 mal. Die effektivsten Führungskräfte nutzen Humor übrigens doppelt so oft wie der Manager-Durchschnitt.

- Ausstrahlung
  Gönnen Sie sich ein Stimmtraining. Trainieren Sie beim Zähneputzen Ihre Körperhaltung: Brust raus, Schultern runter, Po raus, Knie beugen, Rücken gerade, dann halten.

- Gepflegtes Äußeres
  Sie sind unsicher, was Sie wirklich kleidet? Gehen Sie beim nächsten Einkauf in ein gut geführtes Modehaus wie Hirmer in München oder Eckerle, wo man sich noch Zeit für Sie nimmt. Rufen Sie im Vorfeld an, fragen Sie nach einem guten Berater und vereinbaren Sie einen Termin.

SEX

Herzensübung 6
SEX – Attraktivität des Einzelnen

Was du ausstrahlst, ziehst du an! Es lohnt sich also, darüber nachzudenken.

Neben den ersten Sofortmaßnahmen aus Herzensübung 5 empfehlen wir unbedingt einmal beim Partner nachzufragen: Was macht Sie nach ihrer/seiner Meinung attraktiv, um nicht zu sagen sexy? Fragen Sie auf keinen Fall zwischen dem Einräumen der Spülmaschine, vor dem Besuch des Wertstoffhofs oder beim Abbeizen der Gartenmöbel! Reservieren Sie sich dafür einen Abend mit ungeteilter Aufmerksamkeit.

Fragen Sie zudem langjährige Freunde, Geschwister, Menschen Ihres Vertrauens. Auch wir bringen solche Gespräche ab und an leichter in Gang mit der Formulierung: Wenn du mich deinem besten Freund oder deiner besten Freundin beschreiben müsstest, was käme dir als erstes in den Sinn?

Manche der Aussagen wird Sie vielleicht irritieren. Bedenken Sie, ehrliche Antworten erfordern Mut. Unterbrechen Sie nicht, hören Sie einfach zu. Wiederholen Sie das ein oder andere á la „Hab' ich dich richtig verstanden?" Das trägt zum Verständnis bei und hilft Ihnen, sich die Einschätzung Ihrer Mitmenschen besser

ANZIEHEN

BETÖREN

FASZINIEREN

ANSPRECHEN

BEEINDRUCKEN

INTERESSIEREN

BEZAUBERN

ANLOCKEN

AUSSTRAHLEN

ENTZÜCKEN

VERFÜHREN

zu merken. Halten Sie sich auf jeden Fall mit Rechtfertigungen zurück. Hier teilt Ihnen ein nahe stehender Mensch offen und ehrlich seine Einschätzung mit, was Sie attraktiv macht. Das allein ist schon ein großes Geschenk!

Setzen Sie sich nach den Gesprächen an einen ruhigen Ort und schreiben Sie das Gehörte auf. Ziehen Sie Resümee und ergänzen Sie dazu, wie attraktiv Sie gerne sein möchten. Unterscheiden sich Fremd- und Wunsch-Bild? Machen Sie eins daraus.

Nehmen Sie sich die für Sie wichtigen Themen nacheinander vor und versuchen Sie, diese zu bearbeiten, zu verändern, zu intensivieren. Mit kleinen Schritten erzielen Sie schneller Erfolge, die Sie motivieren durchzuhalten. Bei aller Anstrengung gibt es so mehr Gründe, sich zu freuen und zu feiern.

Halten Sie sich nicht zu sehr mit Äußerlichkeiten auf. Nicht umsonst heißt es, wahre Schönheit kommt von innen.

Allein das Bewusstmachen, wie wirke ich auf andere, was strahle ich aus, sind meine Worte und Taten kongruent, wo liegen meine Talente, macht Sie attraktiver. Diese Erkenntnis allein wird wie ein Motor vieles ankurbeln und Ihnen zu mehr Ausstrahlung verhelfen.

SEX

Herzensübung 7
SEX – Anziehungskraft des Unternehmens

Alles in der Natur wächst von innen nach außen. Kennen Sie den Kern in Ihrem Unternehmen? Was macht Ihr Unternehmen aus, was macht es attraktiv? Wie würden Sie einen Experten überzeugen, in Ihr Unternehmen zu kommen und nicht zum Mitbewerber zu gehen? Welche Argumente würden Sie anführen?

In den letzten zehn Jahren unserer Arbeit haben wir bei Spitzenunternehmen unabhängig von ihrer Größe eines festgestellt: Die Mitarbeiter wissen um den Kern des Unternehmens, kennen sehr genau die Schwächen und Stärken, sind sich bewusst, worin sie sich vom Wettbewerb unterscheiden und was ihr Anteil an diesem Erfolg ist. Sie fühlen sich dazugehörig, sind wach und interessieren sich für die Aktivitäten im Unternehmen. Wenn Sie den Boden bereiten wollen, dann setzen Sie sich selbst, im Kollegenkreis und im Unternehmen intensiv und dauerhaft mit den drei aus unserer Sicht essentiellen Fragen auseinander:

Wer sind wir?
Das wissen erfolgreiche Unternehmer und ihre Mitarbeiter. Dieses Wissen steht nicht nur in allen Werbemitteln „schön" geschrieben, sondern ist durch alle Hierarchien und Bereiche für

Kunden wie Mitarbeiter erlebbar. Jeder fühlt sich in der Verantwortung, weil er sich ab Tag eins mit dem Unternehmen identifiziert. Menschen ziehen Menschen an. Wer arbeitet neben Ihnen und um Sie herum? Sind es Bedenker oder Gestalter, Glutpfleger oder Brennmeister, Bewahrer oder Erfinder? Teams, die sich gegenseitig entzünden, haben eine enorme Anziehungskraft und sorgen für Entwicklung und Dynamik. Solche Teams haben eine hohe Erwartung an sich selbst und fordern andere im gesunden Wettbewerb.

Was tun wir?
Worin liegt unsere Leidenschaft, wo unsere Königsdisziplin? Worin werden wir die Besten? Ob Sie Siebe beschichten, Ideen produzieren, Brot backen oder Schrauben herstellen, tun Sie das in einem ordentlichen und anregenden Umfeld? Vermeiden Sie jegliche Verschwendung. Sehen Sie eine höhere Verantwortung im Umgang mit den Ressourcen.

Wofür tun wir es?
Inwieweit spielen die Begriffe Freiheit, Verantwortung, Verpflichtung, Vertrauen eine Rolle in Ihrem Unternehmen?

Fragen Sie sich, Ihre Führungskollegen und Ihre Mitarbeiter. Arbeiten Sie diszipliniert und lassen Sie nicht locker – dann gestalten Sie!

SEX

Herzensübung 8
SEX – Anziehungskraft des Unternehmens

Stoppt den Klimawandel! Entwicklung und Wachstum bedürfen in der Natur wie im Unternehmen eines gesunden Klimas. Leisten Sie Ihren Beitrag.

Beobachten Sie zuerst sich selbst: Wann sind Sie am kreativsten, am produktivsten? Welche Umgebung ermöglicht es Ihnen, konzentriert zu arbeiten? Schreiben Sie diese Punkte für sich auf. Beginnen Sie mit der Veränderung in Ihrem direkten Umfeld. Schaffen Sie Freiraum zum Atmen und Arbeiten: Räumen Sie Ihren Schreibtisch auf. Misten Sie aus. Gestalten Sie die Ablage so, dass sich jeder zurechtfindet. Befreien Sie sich von toten Pflanzen und alten Witzzetteln. Sorgen Sie für frische Luft und viel Licht.

Dann gehen Sie mit dieser Erkenntnis durch Ihre Abteilung, Ihr Unternehmen. Was können Sie zum Klima Ihres Unternehmens beitragen?

- Initiieren Sie Plätze, an denen Menschen sich treffen können, um bei einem Kaffee oder einer heißen Brühe (erwiesenermaßen der beste Fitmacher) die nächsten Aktionen zu besprechen. Solche Treffpunkte gewinnen durch Stehtische und ihre zentrale Lage an Effizienz und Akzeptanz.

KLIMA

- Schaffen Sie fern von Mails und Telefonen Ruhezonen und Denkerzellen, beispielsweise eine Bibliothek.

- Bewahren Sie wertvolles Know-how. Vernetzen Sie Generationen. Entlasten Sie Mütter.

Das Unternehmen HIPP ist mit „einfachen" Maßnahmen ein gutes Vorbild: Rentner dürfen weiterhin zum Mittagessen in die Kantine kommen. Neben der schönen familiären Einrichtung ist das der perfekte Wissenstransfer. Mütter, die bei HIPP halbtags arbeiten, können zu Mittag das Essen für sich und die Kinder zuhause aus der Kantine mitnehmen.

- Regen Sie die Auseinandersetzung mit Kunst und Kultur an. Denken Sie an Gedichte im Aufzug, inspirierende Fotografien aus Ihrem Haus an den Wänden, wechselnde Ausstellungen, Theater-Workshops statt Kommunikationsseminare, Orchesterarbeit als Führungstraining, literarische Zirkel ...

Ein Beispiel aus der deutschen Wirtschaft ist BMW mit seinem Programm „KulturMobile": Die Mitarbeiter erhalten einmal vierteljährlich einen Kulturkalender mit exklusiven und spannenden Veranstaltungen in der Stadt. Diese können über das Unternehmen, teils vergünstigt, gebucht werden.

BEAT

Herzensübung 9
BEAT – Der taktvolle Umgang

Punkten Sie mit einer guten Kinderstube.
Wollen wir überzeugen, müssen wir selbst unser Verhalten auf den Prüfstein stellen.

Als Kinder haben wir von den Eltern und Großeltern gelernt zu grüßen, den anderen anzusehen, wenn wir mit ihm sprechen, den Älteren die Tür aufzuhalten, im Bus aufzustehen, wenn ein älterer Mensch einsteigt, uns für Geschenke zu bedanken, das mitgebrachte Pausenbrot mit Freunden, die keines hatten, zu teilen. Väter haben ihre Söhne ermuntert, im Restaurant voranzugehen, der Dame aus dem Mantel zu helfen, ihr die Autotür aufzuhalten.

In unserer Kindheit wurden wir sensibilisiert, aufeinander zu achten, hinzusehen, dem anderen Aufmerksamkeit zu schenken. Manchen wurde erklärt, warum wir dies lernen müssen: weil wir damit anderen Menschen Respekt und Achtung zeigen, sie erfreuen und damit die Basis schaffen für einen wertvollen Umgang miteinander.

Übertragen wir das auf unseren heutigen Alltag: Was gehört für Sie zum taktvollen Umgang? Takt bedeutet für uns, sich auf andere einzustimmen und Schwingungen wahrzunehmen.

KonTAKT

Was vermissen Sie am meisten? Schreiben Sie eine eigene Prioritätenliste und gehen Sie mit gutem Beispiel voran.

Zum Auftakt einige Impulse als Erinnerung:

1. Ich grüße Menschen in meinem Umfeld und spreche sie wieder öfter mit Namen an.
2. Ich sehe Menschen in die Augen, wenn ich mit ihnen spreche, weil auch ich mir wünsche, dass sie mir zuhören.
3. Ich sage wieder öfter bitte und danke.
4. Ich kommuniziere direkt, übernehme Verantwortung statt bei anderen die Schuld zu suchen.
5. Ich konzentriere mich in Verabredungen oder Besprechungen auf die Worte meines Gegenübers.
6. Ich motiviere mich und mein Umfeld, Zeit als kostbares Gut anzusehen und pünktlich zu sein.
7. Ich schätze die Leistung meines Umfelds wert und bringe das mit Worten und Taten zum Ausdruck.
8. ...
9. ...
10. ...

Wer taktvoll auftritt, zeigt nicht nur seine soziale Intelligenz, sondern sorgt auch für ein angenehmes Arbeitsklima.

BEAT

Herzensübung 10
BEAT – Der taktvolle Umgang

Das Leben ist zu kurz für lange Meetings.
Es ist Montagmorgen. In 70 Prozent aller deutschen Unternehmen beginnt die Woche um 10.00 Uhr mit dem wöchentlichen Auftaktmeeting. Es nehmen teil Hans, Fritz, Kurt, Hanna, Jana und Peter. Leider kann das Meeting erst um 10.20 Uhr beginnen, weil Fritz und Jana sich verspäten. Peter stellt dann fest, dass ihm wichtige Unterlagen fehlen. Deshalb geht er noch mal in sein Büro, in dem er zehn Minuten verweilt, weil soeben von Patrik aus den USA eine Mail kommt. Im Konferenzraum schimpft Hans über den Beamer, weil dieser nicht funktioniert. Endlich scheint alles perfekt, da wird Kurt rot, weil er zwar Punkt 2 und 3 der Agenda, die erst jetzt ausgeteilt wird, bearbeitet hat, nicht aber Punkt 4, 5 und 6.

Kennen Sie solche Situationen? Laut einer Umfrage von Mindjet (11/2005) ist jedes zweite Meeting unproduktiv oder sogar überflüssig. Was verschenken wir für ein Potenzial?

Verstehen Sie uns nicht falsch. Wir schätzen den persönlichen Austausch von Information, Erfahrungen und Verbesserungsvorschlägen. Besprechungen beteiligen Mitarbeiter, fordern und fördern, tragen zur Teamentwicklung bei

Effizienz bedeutet,
die Dinge richtig zu tun.
Effektivität bedeutet,
die richtigen Dinge zu tun.

und beziehen sie in Entscheidungen ein. Wir plädieren für eine klare Sprache, einwandfreie Vorbereitung, konzentrierte Atmosphäre und eine klare Ansage, was man am Ende der 30 Minuten erreicht haben möchte. Folgende Beispiele, die wir Ihnen ans Herz legen, haben sich in unseren Projektmeetings bewährt:

- Laden Sie weniger Teilnehmer ein – und einen Entscheider.
- Definieren Sie ein Ziel und ein Zeitfenster.
- Versenden Sie im Vorfeld eine Agenda.
- Bestehen Sie auf Zu- und Absagen.
- Lassen Sie die Technik im Vorfeld prüfen.
- Bestellen Sie Wasser, Tee und Obst.
- Lüften Sie den Raum gut durch.
- Wenn möglich, findet das Meeting im Stehen statt, an einem Hochtisch, einer Theke.
- Beginnen Sie pünktlich – selbst wenn noch nicht alle da sind.
- Ist ein Teilnehmer nicht vorbereitet, erhält er eine zusätzliche Aufgabe aus dem Team.
- Bleiben Sie beim Thema. Halten Sie Ergebnisse und offene Themen fest.
- Enden Sie mit einer Blitzlicht-Runde.
...
...
...

Ergänzen Sie Ihre Erfolgsrezepte und helfen Sie mit, Zeit und Geld zu sparen.

BEAT

Herzensübung 11
BEAT – Das rhythmische Zusammenspiel

Einheit durch Vielfalt. Vielleicht ist Ihnen das auch schon passiert: Sie kennen einen Menschen schon seit Jahren und irgendwann erfahren Sie, dass er ganz besondere Talente für eine ganz bestimmte Sache in sich trägt: Er ist handwerklich ein Meister, bringt jede Maschine wieder zum Laufen, spielt virtuos Klavier, fotografiert wie ein Starfotograf, schreibt leidenschaftlich gern Gedichte, trainiert die beste Jugendmannschaft Ihres Heimatvereins, singt im Kirchenchor, kocht wie ein Sternekoch ...

Wir erleben dies bei unserer Arbeit auf der Suche nach dem Besonderen in einem Unternehmen nahezu täglich. Mancher Geschäftsführer staunt, wenn wir sagen, einen Fotografen brauchen wir nicht, wir könnten keinen besseren finden als den in Ihrem Team. Oder: Eine Combo haben Sie im Haus. Die arbeiten im Normalfall in der Produktion, aber abends spielen sie im Jazzclub der Stadt. Fußballturnier? Kein Thema, Ihr Controller trainiert die A-Jugend in Ihrer Stadt. Einen begnadeten Verkäufer? Fragen Sie Frau Herzlich aus der Sachbearbeitung, sie verkauft leidenschaftlich auf Weihnachtsmärkten. Einen Dolmetscher? Herr Taktmann stammt aus einer siebensprachigen Diplomatenfamilie.

MAN_NSCHAF_FT

Die besten Ensembles dieser Welt, ob auf der Bühne, im Stadion oder in den Unternehmen, setzen sich aus den unterschiedlichsten Experten zusammen. Jeder mit seinen ganz besonderen Talenten, Fähigkeiten und Kenntnissen, die erst im Zusammenspiel das Einzigartige zum Vorschein bringen. Erst im Miteinander entsteht Spitzenleistung. Denken Sie an Fußball, Handball, Orchester, aber auch an die Küchenmannschaft eines Sternekochs. Kein Spitzensportler ohne Trainer, ohne Physiotherapeut. Fans des FC Liverpool leben ihre Vereinshymne: „You'll never walk alone".

Ja, jeder ist einzigartig in der Welt! Und gemeinsam sind wir stark. Das Miteinander ist es, die Beziehungen zu diesen Menschen sind es, die uns und unsere Kunden überzeugen und begeistern. Schaffen Sie daher Bühnen für Begegnungen. Entdecken Sie ungeahnte Talente. Seien Sie Impulsgeber. Verschaffen Sie Ihrem Umfeld und Ihren Kunden Vorsprung durch Vernetzung. Pflegen Sie Ihre Beziehungen mit Ritualen. Fragen Sie die Menschen in Ihrem Umfeld, in Ihrem Unternehmen, welche Hobbys sie pflegen, wo sie sich engagieren, welche Talente sie haben.

Eins ist gewiss, Sie fallen auf, wenn Sie Ihre Kunden, Ihre Mitarbeiter als Ganzes sehen und sie tatsächlich in die Mitte stellen.

BEAT

Herzensübung 12
BEAT – Das rhythmische Zusammenspiel

Du musst brennen, wenn du andere entzünden willst. Ein weltberühmter Dirigent hat uns auf die Frage, ob es denn immer möglich sei zu brennen, geantwortet: „Stellen Sie sich vor, wir spielen ein Konzert vor 2.000 Menschen, die viel Geld für die Konzertkarte bezahlt haben. Die Musiker sind perfekt vorbereitet und vielleicht aufgeregt. Wir haben viermal geprobt, um unser Bestes zu geben. Wenn ich jetzt auf die Bühne gehe, mich auf das Pult stelle, wir uns ansehen, dann muss ich brennen! Wie kann ich von anderen verlangen zu brennen, wenn ich es nicht selbst tue. Das ist ganz einfach."

Auch Sie können „brennen", wenn es um das rhythmische Zusammenspiel in Ihrem Unternehmen geht. Auch Ihre Kunden sind an diesem Spiel beteiligt. Und Ihre Mitarbeiter erhalten im Arbeitsalltag mehr als nur eine Chance, Herausragendes zu leisten. Es geht um Verantwortung, Freude am Tun, die Lust, die Herausforderung anzunehmen und sich mit den Besten zu messen.

„Es ist die Achtung und der Respekt", betont der Chefdirigent weiter, „ich stehe mit den Musikern auf Augenhöhe, das müssen die spüren. Ich muss ihnen vertrauen. Ich kann die Oboe

EntZÜNDEN

nicht so spielen wie der Solist des Symphonie-orchesters. Ich muss hoffen, dass er versteht, wie ich meine, dass es gut klingt. Dann ist all sein Können gefragt. Macht ein Solist, eine ganze Gruppe einen Fehler, werde ich das niemals vor der Gruppe betonen. Das machen die Musiker von ganz allein. Ich muss ihn jetzt wieder aufbauen, ihn bestärken, ihn ansehen."

Stellen Sie sich vor, Sie sind ein würdiger Dirigent in Ihrem Ensemble! Wertvolle Erfahrungen könnten Sie z.B. bei einem Besuch einer Generalprobe vor einem Konzert sammeln. Beobachten Sie den Dirigenten einmal als Unternehmer und Führungskraft. Sehen Sie hin, wie er den Takt angibt.

Fakt ist, ob Sie ein großes oder kleines Unternehmen leiten, ein Team führen oder sich selbst, jeder hat Freude, in einem erfolgreichen Unternehmen zu arbeiten. Und daran haben Sie den entscheidenden Anteil! Beginnen Sie mit der Veränderung bei sich und in Ihrem direkten Umfeld. Dort haben Sie unmittelbar die Chance, zeitnah etwas zu verändern. Schaffen Sie eine wertschätzende und attraktive Kultur, die ehrlich, offen, konsequent und vertrauensvoll ist. Beginnen Sie immer zuerst bei sich, bevor Sie andere in Frage stellen. Erst wenn Sie zum Vorbild werden, Haltung konsequent leben, werden sich andere anstecken lassen.

DANKBARKEIT
IST DIE ERINNERUNG DES *Herzens.*

ROMANO GUARDINI

Danksagung

In den vielen Jahren der Zusammenarbeit mit kleinen und großen Unternehmen unterschiedlichster Branchen hatten wir häufig das Glück, mit Leuchttürmen der deutschen Wirtschaft zusammenzutreffen. Sie alle eint: Sie sind in ihrer großen Verantwortung Mensch geblieben, sind Gestalter und Entdecker. Sie zeigen Courage. Sie sind authentisch, haben einen inneren Kompass, eine Haltung. Sie sind nie modisch, aber modern in ihrem Denken.

Es ist eine Freude mit ihnen zu arbeiten, mit ihnen aufzubrechen und zu bewegen, mit ihnen zu zeigen, dass es t r o t z d e m geht. Unser inniger Dank gilt an dieser Stelle unseren Mentoren und Wegbegleitern Prof. Dr. Wilhelm Simson, Andreas Bartl, Pater Dr. Hermann Breulmann SJ, Prof. Dr. Dieter Frey, Hartmut Geldmacher, Dr. Reiner Hagemann, Raimund Sonntag, Dr. Rudolf Staudigl, Dr. Clemens Vetter, Eberhard Weiblen, den Münchner Philharmonikern und dem Symphonieorchester des Bayerischen Rundfunks und vielen, vielen anderen.

Unsere Wurzeln in unseren Familien stärken uns. Unsere Freunde erinnern uns an unsere Quellen. Die Wirtschaftsjunioren zeigen uns immer wieder die immense Kraft des Netzwerkens

WENN DIR'S IN KOPF UND *Herzen*
SCHWIRRT,
WAS WILLST DU
BESSRES HABEN!
WER NICHT MEHR LIEBT
UND NICHT MEHR IRRT,
DER LASSE SICH BEGRABEN!

JOHANN WOLFGANG VON GOETHE

und die Möglichkeiten, die Wirtschaft von morgen zu gestalten und in unserer Gesellschaft verantwortlich zu handeln.

Neben den zahlreichen Teilnehmern unserer Impulsvorträge haben uns u.a. Martin Bornemann, Winfried Hanuschik, Frank Lambert, Thomas Montasser, Peter-Christian Patzelt, Horst Schmid und Georg Seidl bestärkt, die Geschichte auch als Lese- und Arbeitsbuch zu publizieren. Von Herzen sagen wir Dunja Weist Danke für die grafische Gestaltung, Peter Thalheim für das Lektorat und die wertvollen Anregungen und Manuela Bach für die konstruktiven Tipps zur Produktion.

Ohne die tatkräftige Unterstützung von Matthias Jerlitschka, Anna Birmann und Stefan Eingärtner und ihre Geduld mit uns und unseren Launen wäre dieses Buch nicht möglich gewesen!

Es geht uns das Herz auf, denken wir an die vielen Begegnungen und Gespräche mit all diesen Menschen. Unterschiedlichste Persönlichkeiten fordern und fördern uns, machen es uns nicht immer leicht und berühren unsere Herzen mit ihren Worten und Taten, ihrer Haltung, ihrer Ehrlichkeit und ihrem Mut. Diese Menschen sind es, die uns die Perspektiven wechseln und wachsen lassen, uns Kraft, Energie und Herzenswärme schenken.

Es sind die *Begegnungen*

mit Menschen,
die das Leben
lebenswert machen.

Guy de Maupassant

Autorinnen

Annette Reisinger, geboren 1965 in München, ist Hotelfachfrau. Führungsverantwortung übernahm sie in der internationalen Hotellerie im In- und Ausland, bevor sie mit Georg Reisinger einige Jahre ein Familienhotel in Burghausen leitete. 1999 gründete sie die Veranstaltungsagentur „Kommunikation durch Ereignis": Unternehmer und ihre Kunden, Mitarbeiter und Partner mit der ureigenen Unternehmensgeschichte und -kultur zu konfrontieren, sie mit und durch Menschen aus Kunst, Kultur und Wissenschaft in Beziehung zu bringen und damit neue, nachhaltige Impulse zu setzen, dafür schlägt ihr Herz.

Conny Thalheim, geboren 1970 in München, studierte nach dem Abitur berufsbegleitend Marketing-Kommunikation an der Bayerischen Akademie der Werbung. Nach 10-jähriger Berufs- und Führungserfahrung im Kommunikations- und Medienbereich gründete sie 1998 ihr eigenes Unternehmen „working ideas", eine Marketing-Beratung mit Ideen, die arbeiten. Als Spezialistin für authentisches Marketing findet sie – mit Herz und Verstand – zusammen mit ihren Kunden Antworten auf die Fragen: Wie differenzieren wir uns vom Wettbewerb? Wie finden wir Kunden? Wie binden wir Kunden? Wie begeistern wir Mitarbeiter?

FAKT IST,

DASS LUSTIGE FILME EINE GUTE GESUNDHEITSPROPHYLAXE SIND. WÄHREND DER AMÜSANTE FILM NICHT NUR DIE SEELE, SONDERN AUCH DAS HERZ ERFREUT (WIR EMPFEHLEN: „WAS DAS HERZ BEGEHRT"), INDEM ER DIE DURCHBLUTUNG DES GANZEN KÖRPERS – UND SOMIT AUCH DER ORGANE – FÖRDERT, VERLANGSAMT DER TRAURIGE ODER DRAMATISCHE STREIFEN DEN BLUTFLUSS GEWALTIG.

STUDIE DER UNI MARYLAND

Tipp: ErLESENe Fakten zum Herz

- Dr. Michael F. Roizen, Dr. Mehmet C. Oz: *DU – Eine Bedienungsanleitung. Alles, was Sie wissen müssen, damit Ihr Körper jung und gesund bleibt.* Pendo Verlag, München und Zürich 2006

- Nadja Nollau: *Gesundheits-Check – Wie gesund sind Sie wirklich?* Gräfe und Unzer Verlag, München 2005, 3. Auflage 2007

- Prof. Dr. med. Nossrat Peseschkian: *Was haben Sie auf dem Herzen?* Trias Verlag, Stuttgart 2005

- Wilhelm Geerlings, Andreas Mügge (Hrsg.): *Das Herz – Organ und Metapher.* Verlag Ferdinand Schöningh, Paderborn 2006

- Doc Childre: *Die Herzintelligenz entdecken – Das Sofortprogramm in fünf Schritten.* Reihe HeartMath – HerzIntelligenz, VAK Verlag, Kirchzarten 1999, 3. Auflage 2003

- Doc Childre, Bruce Cryer: *Vom Chaos zur Kohärenz – Herzintelligenz im Unternehmen.* Reihe HeartMath – HerzIntelligenz, VAK Verlag, Kirchzarten 2000

- *www.herzstiftung.de*

Tipp: **Angehen statt Aussitzen**

Bei der Umsetzung und Integration der Heartfacts in Ihr (Arbeits- und Privat-)Leben, begleiten wir Sie und Ihr Unternehmen gerne. Wie?

1. Die Heartfacts als Impulsvortrag
2. Das Arbeits- und Lesebuch als Geschenk für Freunde, Mitarbeiter, Kunden …
3. Ein Nachhaltigkeitspaket mit Heartfacts-Notizbuch, Postkarten-Edition und diesem Arbeits- und Lesebuch
4. Coaching für Individualisten
5. Workshops für Unternehmen
6. …

Jetzt sind wir neugierig und gespannt, wie es Ihnen bisher mit den Heartfacts, der Geschichte und den Herzensübungen ergangen ist. Schreiben Sie uns: Was hat Sie besonders inspiriert? Wie haben Sie die Heartfacts in Ihren Alltag integriert und wie hat Ihr Umfeld reagiert? Wie disziplinieren Sie sich, den Worten nun Taten folgen zu lassen? Wie viel Freude ist dadurch neu in Ihr Leben gekommen? Seien Sie versichert, wir sagen Danke für Ihre Zeilen.

Wir freuen uns von Herzen, wenn Sie unsere Website www.heartfacts.de besuchen und uns kontaktieren. Unter kontakt@heartfacts.de erreichen Sie uns beide direkt.

DAS HERZ IST DER SCHLÜSSEL DER WELT UND DES LEBENS.

NOVALIS